# LEÓN
## PASO A PASO

© **Autor de los textos:** Jorge Revenga Sánchez
© **Autor «Palabra de de Papón»:** Javier Fernández Zardón
© **Prólogo y epílogo:** Carlos García Rioja

© **Fotografías de Portada:** Manuel Ramos Guallart
© **Fotografías:** Manuel Ramos Guallart, Javier Fernández Zardón,
Jorge Revenga, Carlos García Rioja y Juan Lesmes.
© **Plano:** Manuel Ramos Guallart

**Diseño y maquetación:** Luis Ángel Cano Pinto


**Coordinador de edición y producción:** Jorge Revenga


**Edita:** Eolas Ediciones
**Depósito Legal:** LE 148-2025
**ISBN:** 979-13-87753-03-0
**Impreso en España**
**Contacto:** información@revengaabogados.com

# LEÓN
## PASO A PASO

Jorge Revenga

GUÍA DE UN PAPÓN DE ACERA

EOLAS
ediciones

**Diario de León**

# Sumario

# Prólogo

Por Carlos García Rioja

# Pasen y...
## (A modo de cruz alzada)

...vean. Y embriáguense. Y paladeen. Y toquen. También escuchen.

Con los cinco sentidos al unísono, como si de un paso al hombro se tratase, déjense llevar por estas páginas, quizá desde la distancia temporal o geográfica o tal vez –con suerte– viviendo ya en primera persona el mayor acontecimiento, por qué no espectáculo, de cuantos concita esta vieja urbe de reyes y pasado milenario. La Semana Santa transforma tanto a León que aquí esta celebración incluso dura diez días, como titulara el pregonero Revenga, coautor de esta obra. Y más allá de la Resurrección que la concluye, se extiende a los 365 días del año, 366 si bisiesto fuere, nos recuerda siempre Fernández Zardón, el *alter ego* que completa esta *UTE* que tan buenos frutos literarios y bibliográficos ha dado a la celebración pasional leonesa. Y los que quedan.

En las siguientes páginas, este dúo artístico y de papones —ya tienen el primer vocablo para buscar en el genuino diccionario, rechacen imitaciones, de Javier, a quien León entero conoce por *Motorines*— les conducirá por las calles y plazas de la ciudad, a veces desde la acera, otras bajo un paso, incluso algunas *matando* alguna que otra limonada… para que no pierdan ripio en las poco más de doscientas horas que median entre la salida de la primera procesión y la recogida de la última. Y es que no hay tiempo que perder…

Con el extraordinario bagaje que ofrece haber vivido muchas Semanas Santas —y es que esta celebración no sólo se ve o fotografía, que también, sino que ha de sentirse como propia— el tándem Revenga & Motorines ofrece una y mil miradas pensando en el neófito pero que, a buen seguro, también descubrirán nuevos detalles a quien se cree veterano. Y es que en estas lides nadie lo es. Los diez días entre Dolores y Resurrección son acaso tan inabarcables como los momentos, personas o estados de ánimo que se dispongan a hacerlos suyos. Y para ello no es necesario vestir túnica, aunque a través del capillo el mundo se vea de otra forma; tampoco es imprescindible presenciar todos y cada uno de los actos y procesiones, si bien gracias a los consejos que ofrece este compendio es posible; ni, por supuesto, es obligado seguir esas sugerencias, pues cada uno ha de hacer su propio camino al andar, parafraseando al genial Machado, cuya *Saeta* por cierto nos vendrá a la memoria al escuchar a más de una banda…

Conociendo a los autores, es muy probable que este sea su objetivo último al dispensar a sus lectores grandes dosis de conocimiento cofrade en píldoras de fácil digestión y con el mejor de los regustos: que al cerrar sus páginas, o al repasar tal o cual párrafo, palabra, dato o fotografía, sean ustedes quienes vivan a su manera lo que ya ha venido o está por venir. Y es que tras una, y no en un año precisamente, regresará otra Semana Santa, similar en esencia pero tan nueva como si se tratara de la primera, dispuesta a ser vivida en plenitud, lista para desenvolverse como el mejor de los regalos que, en León, esperamos recibir de la mano de una ansiada primavera.

Llegará y pasará, cumpliendo un ciclo inquebrantable que, en León, suma ya los cinco siglos y al que distinguen desde hace tres lustros los mayores oropeles turísticos. Se sucederán novedades —siempre las hay, aunque muchas pasen inadvertidas— y la Semana Santa seguirá celebrándose con la vitalidad con la que se vive también entre Resurrección y Dolores, con multitud de momentos que –ya lo dice la célebre cita– *bien valen una misa*, o una visita, quien sabe.

Por último, antes de que esta imaginaria cruz alzada eche a andar al resto del cortejo, permítanme una postrera sugerencia: si les asalta alguna duda o —aunque no lo creo— algún dato quede esquivo o ausente entre estas páginas, pregunten. A su alrededor, al azar o guiados por su intuición. Quién sabe si su *cicerone* ocasional se llame Jorge o atienda por *Motorines* y les ofrezca fraternalmente sus cinco sentidos con el cariño que desprende la puja de las ilusiones compartidas. No les extrañe si sucede. León en Semana Santa es así. Les doy mi palabra. *Palabra de papón.*

14. León: paso a paso

# Con los cinco sentidos

## (Guía de sensaciones de la Semana Santa leonesa)

Por Jorge Revenga

*Nada hay en la mente que no haya estado antes en los sentidos*

*(Aristóteles)*

Preguntar a un leonés que es lo que siente mientras se celebra la Semana Santa sería, acaso, como inquirir a un niño de qué color es la nieve. Resultaría innecesario por obvio. Pero en muchas ocasiones olvidamos que, cada vez en mayor número –afortunadamente para la casi moribunda economía leonesa— nos visitan muchos foráneos que, a veces, pueden perderse en la complicada y caótica –aparentemente, todo hay que decirlo— celebración primaveral legionense que, pese a quien pese, se convierte en la Fiesta Grande de nuestra ciudad.

La finalidad de esta guía es acompañar al viajero por los entresijos no ya de la Semana Santa –que también— sino por los de la propia ciudad que, con la primera luna llena de primavera viste **túnica** y **capillo**, siendo –cómo no— **papona** en sí misma, pudiendo decir que la propia ciudad –desde hace ya quinientos años— **puja** el **paso** de la tradición, de la fe y la cultura, los tres ingredientes con los que se aliña la **Semana Mayor.**

Léase, por tanto, este puñado de consejos **papones** como un susurro que alguien que está enamorado de su Semana Santa, quiere compartir con quienes se asoman al **balcón**

leonés en una primavera que en León parece no querer despertar y quizás por esa razón, la visita puede convertirse en un sueño insospechado…

A lo largo del texto se resaltan en negrita las palabras que conforman el rico, extenso y original vocabulario de nuestros cofrades, términos que el también papón, Javier Fernández Zardón *Motorines*, ha recogido en su **Palabra de Papón**, imprescindible para quien quera imbuirse de nuestra Pasión también con las palabras, razón por la que esta guía y ese diccionario deben tratarse como todo en uno.

Con estas premisas, pues, quiero intentar convencerles que a la Semana Santa leonesa debe acudirse con los cinco sentidos pues, de no hacerlo, se corre un serio riesgo de perder una ciudad que, con la primera luna llena de primavera se transforma de tal modo, que podemos decir, sin temor a equivocarnos, que vive ensoñada diez días y diez noches, doscientas cuarenta horas porque León, en Semana Santa, nunca duerme…

Déjenme, pues, que les conduzca a la Semana Santa leonesa a través de los necesarios cinco sentidos:

# LA VISTA

E l viajero apasiona-
do acudirá a una
ciudad en la que
las piedras parecen
estar labradas por
la historia. Y probablemente
así sea. Se verá abrumado, sea
cual sea la entrada de la ciudad
que escoja, por una Catedral
gótica que, desde el siglo XIII
parece presidir, desde las altu-
ras, el devenir de esta pequeña
ciudad del norte que remonta
sus orígenes al siglo I antes de
Cristo. Y cuando –antes o después— se adentre en su interior comprenderá por qué los

vitralistas de las distintas centurias en las que se construyó pretendieron convertir este templo mariano e imponente en la Catedral de la Luz por antonomasia. No puedo desvelar más secretos –aunque los tenga ella y los conozca yo—. La *Pulchra leonina*, cuando la visiten, se los contará encantada…

Y dirigirá sus pasos a San Marcos, antiguo hospital de peregrinos desde el siglo XII, más tarde gélida prisión y hoy uno de los Paradores de Turismo más reputados de España. Ante su portada plateresca o paseando por los

recónditos rincones de su claustro –en el que estuvo preso Francisco de Quevedo— comprenderá el viajero por qué los leoneses son personas de palabra parca. Sus silencios son evocadores…

Y paseará por la calle Ancha y entenderá el porqué de su nombre pues es difícil desentrañar cómo pueden transitar tantos viajeros y ciudadanos al unísono, poniendo en duda el principio físico universal de la impenetrabilidad de los cuerpos opacos. Al perderse por la ciudad, verá palacios desconocidos, con escudos pétreos en sus fachadas, podrá soñar con Guzmanes y Quiñones –quienes hace unos cuantos siglos pugnaban por ser quienes mandaran en esta ciudad que fue Reino— y hasta podrá preguntar por un fantasma que, según parece, aún mora en alguno. Me refiero al sentido literal, no al figurado. Aunque, quizás en éste, también encuentren alguno…

Observará un contrapunto admirable entre el León moderno –con el Palacio de Gaudí y varias casas señoriales de principios del XX— junto con la ciudad contemporánea que se abre cerca de uno de los dos ríos que escoltan la ciudad, el Bernesga, con el Auditorio o el Musac. Y discurrirá por calles tan estrechas en el Barrio Húmedo o el Romántico que no comprenderá como puede haber tantos bares, tabernas y figones que invitan al paseante a disfrutar. Y los encontrará atiborrados de carteles de Semana Santa que, desde la pared, invitan a convertirse en un papón más.

Y en medio de tanta piedra imponente, observará un ir y venir de gentes apresuradas hacia las capillas, con los **guantes** en la mano y los **capillos** al **cíngulo**, o buscará con una mirada asombrada, la indumentaria de las distintas bandas y agrupaciones que en perfecta formación y *en ordinaria* acuden prestos a llevar las procesiones al ritmo de sus pentagramas. O de algún coro que se enluta para la ocasión con recios paños antiguos.

Mostrará asombro con muchos escaparates y balcones que se engalanan para compartir la pasión de miles de leoneses pues León, en la Semana Mayor, viste túnica, capirotes y capillos. Y toda la ciudad, se mire donde se mire, es Semana Santa…

22

Permanecerá boquiabierto cuando, desde la lejanía, entre las cabezas del innumerable público –que a nosotros nos gusta llamarlos *papones de acera*— atisbe el lento caminar de un Cristo o una Madre que parecen tener vida propia, adentrándose –pues no se ve un solo palmo de suelo— en un mar de cabezas que hacen ondear los pasos entre olas que se baten al ritmo de los hombros de los **hermanos**.

Por cierto, para aquellos amantes de la imaginería, el museo de la Semana Santa está en la calle. Pero no se dejen engañar y no mi-

ren sólo las magníficas tallas: las procesiones están repletas de detalles que pasan desapercibidos para la mayoría: **tronos**, **túnicas**, libros, **incensarios, faroles, navetas, llamadores** y un sinfín de adminículos procesionales, junto con un adorno floral espectacular no debe pasar desapercibido para quien, con la vista, desee saborear la Pasión leonesa. Los bordados de **mantos, sayas y guiones** han sido en más de una ocasión diseñados, tejidos y bordados, puntada a puntada, por hermanos y hermanas de las Cofradías. No deben perder ni un detalle…

No se asusten si ven la ciudad repleta

de **globos**: en los últimos tiempos, vendedores de ilusiones voladoras hacen su agosto en primavera consiguiendo que, en pocos minutos, los niños vean perdido su trofeo hacia el cielo con la consiguiente rabieta. La de él —por perder el globo— y la del abnegado padre por intentar convencerle de no comprar otro que, necesariamente –antes o después—, va a llevar el mismo destino.

Y al llegar a la Real Basílica Colegiata de San Isidoro –donde se albergan los restos del Santo sevillano y la mayoría de los reyes de la incipiente España a partir del siglo IX en adelante y donde se celebró (también en primavera) la primera Curia Regia a la que acudieron representantes electos de los ciudadanos, origen del sistema parlamentario moderno en el año 1188—, si es sábado de Pasión por la tarde, conocerá, casi desde el inicio, algunos de los secretos de la Semana Mayor-por *soleares*—:

Los reyes isidorianos
quieren salir a la calle
a ver al Sacramentado
que va escoltando dos Madres
que, aunque tristes, se emocionan
con las voces celestiales
de unas cornetas plateadas
que tocan por soleares.

Cuando lleguen al *Begoña*
entre ceras humeantes,
muy cerca de ese rincón
habrá rezos virginales
pues las madres Carbajalas,
nos recuerdan, Dios mediante,
que la Cruz del Redentor
tiñe un capillo de sangre.

Y soñaremos en breve
con guiños de Soledades,
con Vía Crucis silentes
que hacia San Claudio se abren.
Y allí, con la noche encima,
buscaremos los detalles
en la memoria perdida
de una misteriosa tarde
de un sábado leonés,
de una pasión perdurable,
de emociones contenidas,
entre cantos y timbales
y sabremos que esos reyes
habrán estado en la calle…

# EL OLFATO

León, en Semana Santa, huele a flores. No en vano es probable que cerca de 100.000 engalanen nuestros cortejos. Y el **adorno floral** de los pasos —realizado en la mayoría de las ocasiones por cofrades— es uno de los más originales de la Semana Santa española. Su variedad y la incipiente estación primaveral, hacen que en las iglesias e incluso en las calles puedan respirarse aromas en muchas ocasiones olvidados.

Y huele a **incienso**. Porque normalmente los encargados de utilizar los **turiferarios** son los niños de cada hermandad, de tal modo que se empeñan en la tarea como si se les hubiera encargado ocultar la ciudad tras las nubes de humo que se escapan de sus manos. Eso sí. Ya saben: las nubes de incienso son tan efímeras como la Semana Santa. Respiren hondo. Y recuperen la memoria olfativa para poder seguir soñando con aromas distintos pues el incienso de cada hermandad y cofradía, como la vida misma, tiene matices diversos.

Si llegan a León el Viernes de Dolores, las calles del Barrio Húmedo, la plaza Mayor y sus aledaños, huelen a **cera** humeante pues, cuando *La Morenica* del Mercado sale a hombros de los mozos de su barrio (única procesión en la que quienes participan, ni llevan túnica ni se organizan en cofradía), cientos de mujeres, con velas encendidas, la acompañan. Es probable que este olor a cera se lo encuentren otros días, que **luminarias** hay en varias procesiones…

Los más avezados olfateadores, percibirán un aroma de canela. Y es que la bebida por antonomasia de nuestra Semana Santa –de la

que luego hablaremos— lleva una importante dosis de esta especia al igual que las **torrijas** que suelen acompañar, a los postres, cualquier mesa cofrade que se precie.

León, en definitiva, huele a Semana Santa y quienes nos visitan, más pronto que tarde, evocarán en algún momento, en algún lugar, esos olores que toman las calles en la Semana de diez días… Y es que, con el paso de los años y quizás porque ahora los aromas

se han perdido no se sabe muy bien porqué, cada vez utilizamos menos la nariz. Nadie, en León, pondrá mala rara porque *metan sus narices*… se lo aseguro.

Doy fe.

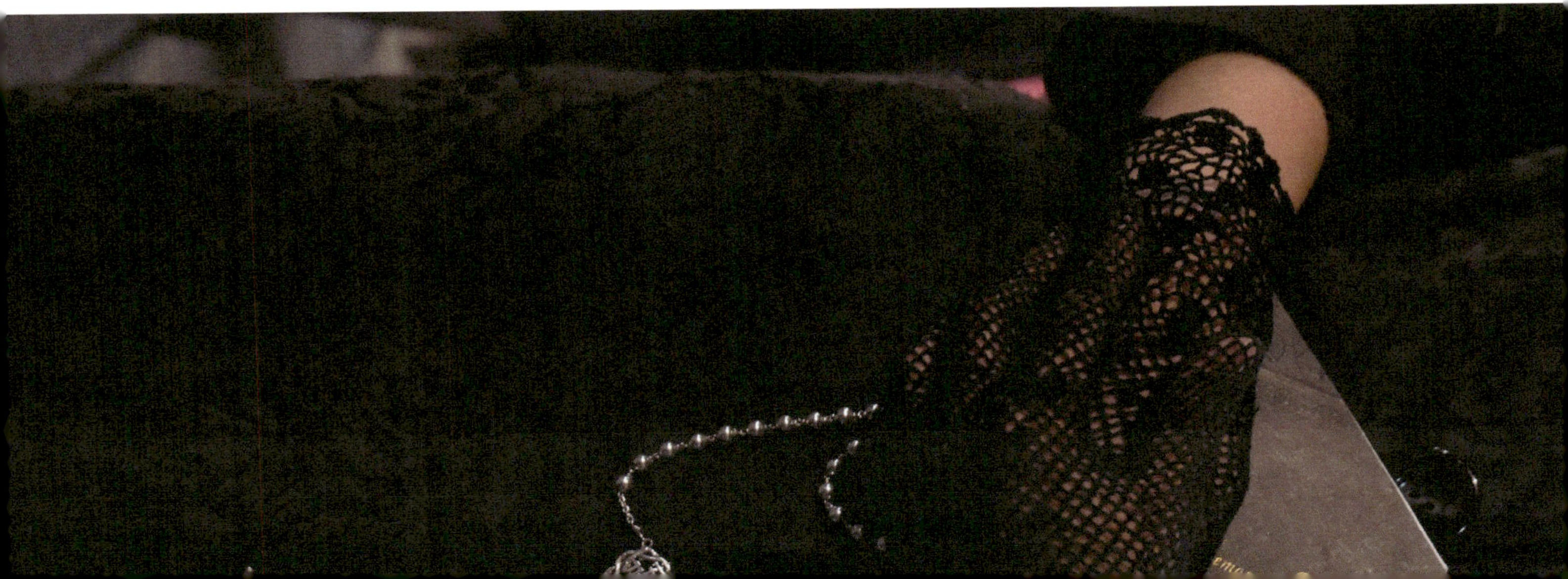

# EL GUSTO

S i León es una ciudad donde todo el año puede defenderse con éxito que se come bien, en Semana Santa, la máxima gastronómica llega a puntos insospechados.

La reina es la **Limonada** cuya receta no tiene más secreto que el de utilizar excelentes ingredientes: vino, limón, canela y azúcar. Tomar limonada que desde antaño tiene el nombre políticamente incorrecto de **matar judíos** se convierte en Semana Santa en un ritual

como lo es el competir entre bares, tabernas y casas particulares para ver quién ofrece un brebaje de mayor calidad. Aunque en los últimos tiempos –cuestión de agradecer para evitar mezclas explosivas de quien, olvidando la receta clásica, le da por hacer experimentos aromando la limonada con otros brebajes de mayor graduación alcohólica— se vende embotellada y con el nada poético registro sanitario, de tal modo que, en la mayoría de los bares, la calidad es uniforme consiguiendo evitar algún que otro dolor de cabeza o ligeros ardores de estómago al día siguiente. No se preocupen, no obstante, si les sucede. Siempre hay algún farmacéutico de guardia.

No se asombren si en cualquier bar al que entren, al pedir unas limonadas (o cualquiera otra bebida), vean cómo el camarero les obsequia generosos platos –que en algunas ocasiones parecen auténticas raciones— de distintos y muy variados guisos y productos. No se les ocurra decir que eso ustedes no lo han pedido. Los mirarían como si hablaran en arameo.

En León la costumbre de *la tapa* ha tomado tal cariz que hay que ser un auténtico valiente para que, tras tomar unos vinos, alguien pueda sentarse a comer o a cenar. La tapa leonesa es y lo será siempre, gratuita, obsequio de la casa. Y, si quieren, pueden hacer una auténtica ruta de la tapa por los 1.125 bares de la ciudad (el número de figones no lo he contado yo, se lo prometo, está extraído de la estadística realizada por la Federación Leonesa de Empresarios). Pero no se preocupen. Como lo lógico es que sólo estén unos días, el Barrio Húmedo, el Barrio Romántico

38 ● León: paso a paso

y la Zona del Burgo —no es necesario ni llevar mapa ni coche, pregunten que todo está al lado— serán suficientemente significativos de lo que estoy diciendo. Eso sí. Opten por uno de los tres en cada momento. No me gustaría que ustedes me llevaran a los tribunales por las posibles consecuencias que pueden nacer de los excesos de sed y hambre… Y, dicho sea de paso, los hosteleros de tales zonas no han patrocinado esta guía, pero como, nobleza obliga y estamos disertando sobre Semana Santa, las tres zonas que les he citado les permitirá —sin ningún esfuerzo— ver procesiones y tapear, incluso, al mismo tiempo.

Si lo que quieren es sentarse, por supuesto que hay otros muchos restaurantes que estarán encantados de presumir de la extensa y excelsa gastronomía legionense. Háganme caso. En León se pasea. Todo está *a tiro de piedra*. Y hay pocas ocasiones de disfrutar una ciudad sin coches.

La gastronomía, en estas fechas, también viste túnica por lo que saboreen las tortillas y ensaladas de escabeche, los bacalaos a las distintas formas, las aceitunas enlutadas con cebolla y pimentón, las torrijas y, para aquéllos que, a pesar de las vigilias, no quieran saber nada de peces, sepan que, con la morcilla leonesa —sangre y cebolla al fin y al cabo—, no se incumple regla canónica alguna (así lo manifestó públicamente quien fue Obispo de la Diócesis sin que quiera citar su nombre por ser costumbre *decir el pecado pero no el pecador*) y, si a pesar de esas premisas, entienden que *no sólo de pan vive el hombre*, los lechazos, las carnes rojas y blancas, el embutido con una cecina y un chorizo excelsos, los puerros de la cercana localidad de Sahagún, los pimientos del Bierzo y otros muchos productos de la tierra les están esperando. Tras la limonada, el vino propio de León nace de la uva *Prieto Picudo* (tanto tinto, como clarete o rosado, para entendernos). Ya saben lo que tienen que pedir si quieren llevar todos los sabores en el paladar. Y si lo prefieren, un vino del Bierzo quien trata la uva mencía con cariño, no les defraudará.

Y en la calle, aunque no lo crean, las procesiones se abren –eso sí bastantes metros por delante de la Cruz de Guía— con carritos de **obleas** con miel o con canela, sabores que sólo se disfrutan durante la Semana Santa. Para los más avezados madrugadores y cafeteros, sepan que en León la tapa –normalmente— también se ofrece con el café de la mañana o sea que, si les preguntan *dulce o salado,* sepan que no se están refiriendo a su estado de ánimo sino a lo que les apetece tomar con el café.

Solo un último consejo: si optan por un restaurante no se olviden nunca de reservar. Si lo que quieren es comer o cenar de tapas, ármense de paciencia: no es que los camareros sean lentos –que León no es el sur— es que es difícil servir, en tiempo y forma, a las habituales filas de a cuatro o cinco contadas desde la barra. Parece como si los bares, se su

44.

# EL TACTO

León en Semana Santa, como en cualquier lugar en que se celebre la fiesta grande (y en nuestra ciudad el orden de factores es la Semana Santa y San Froilán –ésta en octubre—, no se dejen engañar por las guías turísticas-) la ciudad y sus ciudadanos *visten de domingo* por decirlo a la antigua, y la ciudad se llena de saludos, de apretones de manos y de abrazos. De sonrisas y lágrimas.

Y desde las procesiones, observarán como muchos papones —los más niños para qué negarlo— estiran y ofrecen la mano al espectador para estrechársela. Noten el tacto de los guantes de cuero. Esa mano del niño que quiere saludarles a toda costa, en realidad está diciendo: eres un papón más. ¡Disfruta de nuestra Semana! ¡Quédate con nosotros! El año próximo te esperamos con túnica y capillo.

En algunas calles angostas, podrán también sentir el roce de las **andas** –los **tro-**

**nos**, mesas o peanas como las llaman ustedes— pues las dimensiones de algunos pasos hacen que el espectador tenga que permanecer casi sin respirar en las aceras, literalmente pegados, entre la pared y los **hermanos**. Notarán –en alguna ocasión— el agradecimiento de un **bracero** que les acercará su mano por colaborar en la tarea de llevar en los hombros al Señor o a su Madre y, como si fuera un soplo de aire fresco, algunas túnicas –sean o no de terciopelo— les rozarán…

Quizás sientan cómo, sin explicación coherente, una o varias lágrimas caen por sus mejillas. No se asusten. A la mayoría, antes o después, en esta o aquella procesión, al oír un **solo de corneta** o, simplemente, al encontrarse envuelto en un mundo que parece irreal, suele pasarle. Llorar de emoción es sano.

En las aglomeraciones –que alguna hay no les queremos engañar— notarán como es imposible *nadar contra corriente* así que, como el sabio consejo que dan los más avezados nadadores, déjense llevar. Al final, siempre aparece un claro de aguas mansas.

Como León en estos días es una ciudad casi sin coches, aprovechen para sentir el empedrado del algunas calles y plazas y, si quieren probar a aprender *a **atajar***, esa especialidad que no se enseña en la universi-

dad pero que permite ver varias procesiones en un corto lapso de tiempo, o un concreto cortejo varias veces para no perder detalle —encontrando casi siempre el mejor sitio— pregunten a los paseantes: si tiene la suerte de encontrar algún avezado **atajador** a buen seguro les llevará de la mano. No se estresen, no obstante. Los atajadores expertos, como los corzos y lobos de la montaña leonesa, no se atisban fácilmente…

A buen seguro, si siguen estos consejos, se convertirán, como la ciudad que les acoge, ustedes también en pura Semana Santa…

Una plaza vacía
que deprisa se ataja,
una ilusión constante en un empeño,
una fe desgastada.
Muchas noches de insomnio,
de vueltas en la cama.
Una luna radiante que sonríe
y se va con la escarcha.
Una vida que quiere
seguir en la distancia
soñando cada paso en un instante:
todo es Semana Santa.

Una madre que llora
sin saber lo que pasa.
Un corazón abierto, muchos sueños
cargados de nostalgia.
Un beso agradecido,
una flor marchitada,
muchas manos tendidas para siempre,
el roce de las andas.
Y las promesas que nunca se desean:
todo es Semana Santa.

Las estrellas que sienten
que ellas ya no son nada
y el tiempo que va yendo inexorable,
pues no tiene parada,
como la vida misma
cuando la muerte llama.
Y al levantar los ojos,
un niño que se pierde en la distancia.
El calor de un abrazo,
el sabor de una taza
cargada de humeantes ilusiones:
todo es Semana Santa.

Una voz que susurra,
otras muchas que cantan,
cientos de manos negras y de cuero,
que se rozan amargas.
Una corneta que abre
una noche muy larga
cuando las piedras, solas otros días,
están acompañadas.

Y en los sueños se escucha
una voz desgarrada
que va diciendo a gritos en la noche:
¡Todo es Semana Santa!
Una capilla abierta,
antaño abandonada
y que ahora rebosa penitentes
con el alma descalza.
Un pedestal vacío,
el incienso que abrasa,
una Virgen que se acerca doliente
por la vieja muralla.
Y un Cristo abandonado
todo un año en su casa;
mas una primavera lo convierte
todo en Semana Santa.

Cuando llegue mi hora,
y la vida se vaya
acercadme una rosa que haya ido
por las calles y plazas.
Entonces, si la muerte tan vacía,
no acabara en la nada,
también la soledad fría y eterna
será Semana Santa.

# EL OIDO

Alguien se imagina una película sin música? La mayoría de la emoción, el misterio, el amor o cuantos sentimientos nos narre su director se quedarían –a buen seguro— en nada. O en muy poco.

Pues así como en el cine, la banda sonora de las procesiones leonesas es algo tan mágico e irrepetible que, si prescindiéramos de todo lo demás, seguro que la recordaríamos,

aunque es evidente que el conjunto, los cinco sentidos al fin y al cabo, es lo que conseguirá que el viajero se enamore de la celebración.

Y no deben quedarse los recuerdos sonoros sólo en las magníficas bandas de música, agrupaciones musicales y de cornetas y tambores y tríos de capilla cuya calidad —que mejora cada año— hacen que muchas de ellas lleven su maestría a muchos puntos de la geografía nacional. Y no se extrañen si perciben –desde la lejanía— distintas marchas procesionales que llegan de distintos puntos cardinales pues en León, en Semana Santa, la mayoría de los días hay hasta tres o cuatro cortejos en la calle al mismo tiempo. Disfruten escuchando *rufar*, con las *cajas chinas*, con inicios *a golpe de aro*, con las **marchas** interpretadas con maestría.

En León, en muchas ocasiones, las campanas se tornan en protagonistas como, solo por citar algún ejemplo, en la tarde del Viernes de Dolores en la que el campanario de la iglesia de El Mercado toca a rebato con la salida de la Virgen (al igual que el del Monasterio de *Las Carbajalas* que la recibe después*)*, o el lunes por la tarde, cuando la misma espadaña tocaba a muerto mientras el Señor de la Redención salía a la calle —acto hoy trasladado a la Cuaresma— o las *Pascualejas* de la Catedral que anuncian a los cuatro vientos que Cristo ha Resucitado el Domingo de Gloria…

Y hay que abstraerse del bullicio para percibir –búsquense calles estrechas— el **raseo** de los pies de los braceros que, al marcar el paso con las suelas, hacen que el empedrado leonés se convierta en un elemento sonoro más de la celebración. Como los golpes rítmicos de las **horquetas**, alternándose las del lado derecho e izquierdo del paso, que nos recuerdan las procesiones del pasado más remoto. Y los golpes del **llamador** –sea martillo o campana sobre las andas— que ponen en alerta a los braceros para meter el hombro o para bajar el paso.

Y, por supuesto, los coros, sean profesionales o no, que llenan la calle de emociones, de Salves, de Rosarios de la Buena Muerte, de Adoraciones de Llagas y otros cantos sacros –populares o no— en los que el pueblo

se arranca a cantar –en ocasiones– como si fuera –de hecho, lo es– un miembro más –e importante– de la catequesis que supone una procesión en la calle.

Y, en ocasiones, nos sorprenderemos con las voces de unas monjas de clausura que al paso del Señor o de una Virgen, cantan desde los adentros del cenobio. Y en otras,

observaremos cómo las bandas, al pasar por un hospital cercano a la Catedral olvidan la percusión de sus parches y pasan sus ritmos *a palillera* para no importunar al enfermo.

El jueves por la mañana podrán trasladarse al un pasado remoto si siguen a los caballos que, con sus cascos y a tambor **destemplado** anuncian la tarde del día grande, cuando el *Señor de los Balderas* pronunciará las Siete Palabras. Y podrán percibir, en la *Saca de Jesús* cómo las **horquetas** y las monedas les pedirán *una perra* para arrimar el hombro.

A veces, los silencios serán tan rotundos, que se convierten en un elemento sonoro más de la celebración pues no puede entenderse fácilmente cómo cerca de tres mil almas respetan el **voto de silencio** de quienes llevan sobre sus hombros al Salvador mientras su Madre le dice adiós frente a la capilla de Santa Nonia, en la tarde noche del Domingo de Ramos por ejemplo…

Y escucharemos **matracas y carracas** para dar órdenes a los hermanos. Y un estruendo de estos mismos elementos en el **Oficio de Tinieblas**. Y alguna que otra **esquila** tintineante.

Si alguien se arranca a aplaudir, costumbre poco leonesa en la semana santa del pasado reciente, sepan que se trata de algo espontáneo pues el **papón de acera** necesita agradecer de alguna manera al papón de túnica sus esfuerzos…

Aconsejo a quien quiera escuchar **La Ronda** en la madrugada del Viernes Santo que intente hacerlo fuera del recorrido oficial.

Bastará con preguntar a algún componente cuál va a ser el itinerario para despertar a los hermanos. Solo así, en la madrugada del día grande, percibirán de un modo especial, con la rabiosa luna llena de testigo, los sonidos y silencios de la Semana Santa leonesa que, como dijera el poeta, han enamorado a más de uno desde que en 1521 saliera la primera procesión a la calle…

Están, por tanto, invitados a soñar. León, en Semana Santa acoge a todos cuantos, de corazón, quieren asomarse a esta bendita locura que convierte la ciudad en una vieja señora que se pone **mantilla** y se acicala con sus mejores **galas** para acoger a cuantos la visitan.

¡Sea, pues, enhorabuena!

León les está esperando.

**TOC, TOC….. TOC!**

**La Semana Santa leonesa está a punto de arrancar…**

**¡A brazo!**
**¡Al hombro!**
**¡Al cielo!**

Apenas serán diez días,
una mágica semana,
que empieza con esa Madre,
que se acerca hacia la plaza
envuelta en ceras, en salves,
y volteo de campanas
que gritan «Paso a la Reina»
con su voz arrebatada.

Más tarde un Cristo Cautivo,
el Señor de la Esperanza,
ha recibido los cantos
de voces isidorianas.
Y entre tambores rotundos
y cornetas plateadas,
las dos Madres que lo siguen,
se han tornado sevillanas
y quieren salir despacio
a esconderse en Carbajalas
para rezar unas vísperas
de redención y de gracia.
Y por la noche querrán
escuchar la *Madrugada*
que en San Claudio unos violines
hacen Bienaventuranza.

León se despierta de estreno
el domingo de las palmas,
recibiendo al Gran Poder
y a su Madre soberana,
soñando que por la tarde

habrá horquetas golpeadas,
habrá sueños silenciosos,
habrá estrellas enlutadas
cuando una Madre se encuentre
con un Dainos que se calla
al pasar por Santa Nonia.
Y en el Húmedo, escondida,
está la Divina Gracia
que esa tarde no ha querido
esperar a su Hijo en casa
y se ha vestido de negro,
de viuda, a la vieja usanza.

¡Ay León enlútate
que ya llega la Semana!


Si por la tarde del lunes
alguien llegara a la plaza,
olerá nubes de incienso,
podrá adorar unas llagas;
rosarios blancos y rojos
llegarán con voz callada,
mientras largas filas negras
llenan la ciudad de marchas.

El martes será Perdón
por donde quiera que vayas,
y una procesión de sueños
se torna penitenciaria
cuando a un reo lo perdonan

tres Madres desconsoladas
que por Teatro se mecen,
con sus coronas de lágrimas.
Y en San Francisco el Silencio
deja retazos de su alma
cuando canta un Vía Crucis
con cadencia franciscana.

¡Ay León enlútate
que ya llega la Semana!


¡Silencio! Ha llegado el miércoles
que se anuncia entre matracas
aromado de Palomas,
de Agonías que rescatan
una ciudad que enmudece,
una ciudad que se calla
cuando un Gregorio Fernandez
anuncia la madrugada.
Y las velas que lo siguen
tornan las piedras amargas
mientras un solo poeta
sus emociones declama
por el Barrio de las Torres,
que se esconde entre murallas.

En el Jueves luce un sol
que se anuncia en la mañana,
y trae pregones en verso,
voces bienaventuradas,

mucha sonrisa sincera
que se acerca hacia la Saca
a dejar una limosna,
a probar la limonada,
a escuchar golpes de horqueta
que entre pasos dan las gracias.

¡Corre, Madre, que no llego
a colocarme en las andas
de la Reina de ojos verdes,
camino de su esperanza!

Y quiero llegar también
a una despedida amarga,
que se mece entre hombros negros
y plata en las bocamangas.

¿Ya está la Cena esperando?
¿Ya ha llegado Santa Marta
a convertir la ciudad
en la cena más deseada?
Efectivamente, sí.
El incienso lo proclama.

Santa Marina se acuesta
estremecida en carracas,
que desgranan las tinieblas
para ser desagraviadas.

¡Ay León enlútate,
que ya está aquí la Semana!

Cuando la noche se pierde
y se torna madrugada,
cuando la luna se viste
una túnica morada,
cuando nadie duerme ya
por esperar la llamada,
cuatro sombras, muy despacio,
van despertando las almas
que saldrán en procesión,
para acercar a la Plaza
trece pasos de poesía,
trece retazos de calma,
cientos, miles de emociones,
y alguna promesa dada
que se cumple en un Encuentro
cada primavera santa.

Nadie podrá descansar
sin oír las Siete Palabras
que el Señor de los Balderas
muy lentamente proclama.

Y cuando muera en la Cruz,
cuando ya no quede nada,
la ciudad se va de Entierro,
viste sus mejores galas
y lleva sobre sus hombros
una Madre abandonada.

Por eso al día siguiente,
a la Virgen solitaria

se acompaña hasta El Ejido,
enjugándola sus lágrimas,
mientras otros, en silencio,
a su Hijo desenclavan,
prometiendo cantos quedos,
en la puerta Isidoriana.

Ya de noche hacia el infierno
baja un Cristo de Esperanza
que lleva el fuego en sus ojos
y en sus pupilas el agua,
para entregar a unas madres
que le esperan en su plaza.

¡Ay León, enlútate
que se acaba la Semana!


Es domingo y por el barrio
vienen tocando unas gaitas
anunciando la noticia,
trayendo albricias de pascua.

Y se acercan a la Madre
susurrándole en la cara:

*Ayer te vi por las calles*
*sola, triste y apenada,*
*llenándolas de silencios*
*de tristeza albimorada,*
*de corazones heridos,*

*de emociones desgarradas*
*con rosarios y saetas,*
*con túnicas enlutadas*
*y cruces enloquecidas*
*que por tu Hijo lloraban.*

*Pero vuelve a ser domingo,*
*otra primavera santa,*
*y vengo a cumplir alegre*
*una promesa heredada*
*de otros hermanos que antes*
*fueron quienes coronaban*
*tu cabeza, Madre mía,*
*quienes te desenlutaban,*
*quienes llorando emociones*
*hacia el cielo te elevaban.*

*Madre, deja que te vista*
*con manto de pura escarcha,*
*recogida en nuestro Barrio*
*esta misma madrugada*

*¡Soledad, ya no estés triste!*
*¡Toda la ciudad te canta!*

*¿No has visto el paso de gloria*
*en la esquina de esta plaza?*

*¿Es que no has visto a tu Hijo?*
*¿Ves el ángel que le guarda?*

*¿Ves a Cristo ya despierto*
*abandonando la nada?*

*¡Pues, Señora, acércate!:*
*Redoblarán las campanas,*
*retumbarán los tambores,*
*soñará el azul con gaitas,*
*volarán unas palomas,*
*anunciando embelesadas*
*que Dios reina en esta Plaza*
*todas las semanas santas.*

Un niño sale corriendo
muy deprisa por la Ancha.
Lleva un capillo en sus manos,
humedad en su mirada,
un rictus entristezido,
y nos dice cuando pasa:

¡Ay León, enlútate
que ya acabó la Semana!

# Las cofradías

# Nuestra Señora de las Angustias y Soledad
## (1572) («Angustias»)

**Sede:**
Capilla de Santa Nonia.
Mixta. 4.000 cofrades.

**Salidas:**
Martes Santo en la *Procesión del Dolor de Nuestra Madre* y Viernes Santo (años pares) en la *Solemnísima y Oficial Procesión del Santo Entierro*.
Lunes Santo en la *Procesión de la Pasión*.

**Montaje:**
Capilla de Santa Nonia y carpa anexa.

**Titulares:**
Nuestra Señora de las Angustias y Nuestra Señora de la Soledad

**Web:**
http://www.angustiasysoledad.org

**Pasos:**

En el *Santo Entierro* (años pares):

▶ **Los Atributos** (Francisco Javier Santos de la Hera, 1986-1988). 84 braceros.

▶ **La Sagrada Lanzada** (Manuel Hernández León, 2002). 96 braceras.

▶ **Santo Cristo de la Agonía** (Anónimo de la Escuela Vallisoletana, siglo XVI). 84 braceros.

▶ **Nuestra Señora de las Angustias** (atribuida a Juan de Angers, siglo XVI). Trono: Víctor de los Ríos. 92 braceros.

▶ **Camino del Sepulcro** (Víctor de los Ríos Campos, 1972). Trono: Santos de la Hera. 92 braceros.

▶ **Consolación de María** (Juan Manuel Miñarro López, 2018). 100 braceras.

▶ **Cristo Yacente** (Ángel Estrada Escanciano, 1964). Trono: Víctor de los Ríos. 86 braceros

▶ **Santo Sepulcro** (Juan de Juni, Siglo XVI). Trono: Santos de la Hera. 82 braceros.

▶ **San Juan** (Francisco Javier Santos de la Hera, 1.982). 92 braceros.

▶ **Nuestra Señora de la Soledad** (Anónimo, Siglo XIX). 92 braceros.

En *Dolor de Nuestra Madre*, además de las dos titulares (Nuestra Señora de las Angustias y la Soledad) y desde 2025, San Juan,

▶ **Nuestra Señora de las Lágrimas** (Manuel Gutiérrez Álvarez, 1952). 98 braceras. Esta imagen participa el Domingo de Ramos en «El Encuentro» con el Dainos (36 braceras).

**Bandas de la Cofradía:**

Agrupación Musical (1992)

## Dulce Nombre de Jesús Nazareno
### (1611) («Jesús», «Dulce Nombre» ó «Los negros»)

**Sede:**

Capilla de Santa Nonia.
Solo varones. 4.500 cofrades.

**Salidas:**

Viernes Santo (mañana) *Procesión de los Pasos*
Madrugada del Viernes Santo: Ronda
Lunes Santo en *Procesión de la Pasión*.

**Montaje:**

Capilla de Santa Nonia y carpa anexa.

**Titular:**

Nuestro Padre Jesús Nazareno.

**Web:**

http://jhsleon.com

**Pasos:**

▶ **«La Oración en el Huerto»,** obra de Víctor de los Ríos Campos del año 1952. Trono: Víctor de los Ríos. 84 braceros.

▶ **«El Prendimiento».** Angel Estrada Escanciano en 1964. Trono: Melchor Gutiérrez San Martín. 96 braceros.

▶ **«La Flagelación».** Cristo atribuido a Gaspar Becerra (siglo XVI). Imágenes secundarias de serie, 1944. Trono: Hermanos Caballero González. 90 braceros.

▶ **«La Coronación».** Higinio Vázquez García. 1977. Trono: Manuel Guzmán Fernández. 96 braceros.

▶ **«Ecce Homo».** Anónimo de 1905. Trono: Melchor Gutérrez San Martín. 94 braceros.

▶ **«Nuestro Padre Jesús Nazareno».** Atribuido a Gregorio Fernández (siglo XVII). «Cireneo» de Víctor de los Ríos Campos, 1946. Trono: Manuel Guzmán Bejarano. 100 braceros.

▶ **«La Verónica».** Francisco de Pablo Panach, 1926. Trono: Melchor Gutiérrez San Martín. 90 braceros.

▶ **«El Expolio».** Francisco Díez de Tudanca, 1675. Trono: Melchor Gutiérrez San Martín. 84 braceros.

▶ **«La Exaltación».** José Antonio Navarro Artega, 2000. Trono: Juan Carlos Campo Salas. 102 braceros.

▶ **«La Crucifixión»:** José Antonio Navarro Arteaga, 2022. Trono: Melchor Gutiérrez San Martín. 96 braceros.

▶ **«Santo Cristo de la Agonía».** Laureano Villanueva Gutiérrez, 1973. Trono: Melchor Gutiérrez San Martín. 84 braceros.

▶ **«San Juan»** de Víctor de los Ríos Campos, 1946. Trono: Melchor Gutiérrez San Martín. 92 braceros.

▶ **«Madre Dolorosa»** de Víctor de los Ríos Campos, 1949. Trono: Melchor Gutiérrez San Martín. 96 braceros.

**Bandas de la Cofradía:**
Cornetas y Tambores (1962-2004). Refundada en 2006.
Agrupación Musical (2005)
Banda de Música (1998)

# Real Cofradía del Santísimo Sacramento de Minerva y de la Santa Vera Cruz

(Fusión en 1876 de distintas cofradías con origen en los siglos XVI y XVII) («Minerva»)

**Sede:**

Iglesia de San Martín. Mixta. Salen con túnica sólo varones. 1.800 cofrades.

**Salidas:**

Miércoles Santo (tarde) en la *Procesión de la Amargura* y Viernes Santo (años impares) *Solemnísima y Oficial Procesión del Santo Entierro*

Lunes Santo en *Procesión de la Pasión.*

**Montaje:**

Monasterio de *Las Carbajalas* y carpa anexa en plaza del Grano.

**Titular:**

Lignum Crucis (donde se ubica una astilla de la Santa Vera Cruz)

**Web:**

http://www.minervayveracruz.com

León: paso a paso

**Pasos:**

En el *Santo Entierro* (años impares):

▶ **La Santa Vera Cruz** con el ***Lignum Crucis*** (cruz con relicario) réplica de 2025 de la obra anónima del siglo XVI. 80 braceros.

▶ **Santo Cristo de la Agonía** (Amado Fernández Puente, 1973). 82 braceros.

▶ **Santo Cristo del Desenclavo** (Atribuido a Juan Fernández de Vallejo, Siglo XVI). 84 braceros.

▶ **El Descendimiento** obra de Víctor de los Ríos Campos del año 1945. 116 braceros.

▶ **Nuestra Señora de la Piedad** de Luis Salvador Carmona, obra de 1750. 84 braceros.

▶ **Virgen de la Amargura,** obra atribuida a Juan Antonio de la Peña del XVII. 86 braceros.

▶ **El Santo Sepulcro,** obra de Jacinto Higueras Fuentes (1951). 96 braceros.

▶ **San Juan** de Federico Collaut-Valera Mendigutia (1951). 82 braceros.

▶ **Virgen de la Soledad** obra atribuida a Pío Mollar Franch, 1917. 90 braceros.

En la Procesión de la Virgen de la Amargura además de la propia Titular del Cortejo y del Cristo del Desenclavo:

▶ **Santo Cristo Flagelado del Desamparo y la Caridad** (Manuel López Bécker, 1998). 68 braceros.

▶ **Nuestro Padre Jesús de la Humillación y la Paciencia** (Manuel López Bécker, 1991). 74 braceros.

▶ **Nuestro Señor Jesús de la Salud** (Manuel López Bécker, 2001). 82 braceros.

▶ **Nuestra Señora de la Veracruz** (Escuela de Olot según modelo de Miquel Blay Fábregas, 1923). 84 braceros.

**Banda de la Cofradía:**

Cornetas y Tambores (2024).

# Hermandad de Santa Marta y de la Sagrada Cena
## (1945) («Santa Marta»)

**Sede:**
Iglesia de San Marcelo. Mixta.
900 cofrades.

**Salidas:**
Lunes Santo (tarde) en la *Procesión Rosario de Pasión* y Jueves Santos (Tarde) *Procesión de la Sagrada Cena.*

Participa como invitada el Sábado Santo *(Procesión de la Soledad)* y Domingo de Resurrección *(Procesión del Encuentro)* organizadas por la Real Hermandad de Jesús Divino Obrero.

**Montaje:**
Carpa San Marcelo (Lunes) y carpa Catedral (Jueves).

**Titular:**
Santa Marta (al culto en la Parroquia de San Marcelo)

**Web:**
http://www.hermandaddesantamarta.com/

**Pasos:**

En *Rosario de Pasión*:

▶ **Oración en el Huerto** (Atribuido a Manuel de Borja, XVII) propiedad de la Cofradía de Nuestra Señora de las Angustias y Soledad de La Bañeza.

▶ **La Flagelación del Señor** (José Luis Alonso Coomonte, 1955). Propiedad de la Hermandad del Santo Cristo de la Victoria, de Santa Lucía de Gordón.

▶ **Coronación de Espinas** (Anónimo, XVII-XVIII). Propiedad de la Parroquia de la Inmaculada Concepción de Benllera.

▶ **Jesús con la Cruz a cuestas** (Manuel López Bécker, 2019), Propiedad de la Parroquia de la Asunción, de Estébanez de la Calzada.

▶ **Santo Cristo de Celada** (Anónimo, XVII). Propiedad de la Parroquia de San Roque, de La Robla.

▶ **La Piedad** (Anónimo, XVI-XVII) Propiedad de la Parroquia de San Marcelo en León.

En la *Sagrada Cena*:

▶ **Casa de Betania** (Víctor de los Ríos Campos, 1.969). 86 braceros.

▶ **Unción de Betania** (José Ajenjo Vega, 1.983). 86 braceros.

▶ **El Lavatorio** (José Ajenjo Vega, 1998). 90 braceros.

**La Sagrada Cena** (Víctor de los Ríos Campos, 1950) Carroza: Víctor de los Ríos.

Desde 2022 tiene acuerdo de colaboración con la banda independiente de Nuestra Señora de la Soledad (2016)

# Real Hermandad de Jesús Divino Obrero
## (1955) («Divino Obrero»)

**Sede:**
Iglesia de Jesús Divino Obrero.
Mixta. 1.100 cofrades.

**Salidas:**
Sábado de Pasión (tarde) en la *Procesión de Hermandad* (años alternativos en León y La Bañeza). Sábado Santo en la *Procesión de la Soledad* y Domingo de Resurrección en la *Procesión de El Encuentro.*

**Montaje:**
Carpa junto a la iglesia de Jesús Divino Obrero

**Titular:**
Jesús Divino Obrero (al culto en la iglesia de su mismo nombre)

**Web:**
Web: www.rhjdo.es

**Pasos:**

*Procesión de la Soledad:*

▶ **Santísima Cruz de la Esperanza** (José Luis Casanova, 2002).
Braceros: 70

▶ **Santísimo Cristo de la Paz y la Misericordia** en su traslado al sepulcro (Ángel Martín García, 2006-2008). Braceros: 80

▶ **San Juan Evangelista** (Jesús Iglesias, 1994). Braceras: 74

▶ **Las Tres Marías** (Víctor de los Ríos, 1958-1960). Braceros: 90

*Procesión de El Encuentro:*

▶ **Santísima Cruz de la Esperanza** (José Luis Casanova, 2002).

▶ **San Juan Evangelista** (Jesús Iglesias Montero, 1994).

▶ **La Resurrección** (Víctor de los Ríos Campos, 1959). Carroza: 20 hermanos.

▶ **Las Tres Marías** (Víctor de los Ríos, 1958-1960).

**Banda de la Cofradía:**

De cornetas y tambores (1959). Incorporación de gaitas (1985). Hoy, reconvertida en Agrupación musical (2021)

## Cofradía de las Siete Palabras de Jesús en la Cruz
### (1962) («Siete Palabras»)

**Sede:**

Iglesia de San Marcelo.

Mixta. 1.150 cofrades.

**Salidas:**

Madrugada del Jueves Santo ( de 0 a 3 horas) en el *Vía Crucis*. Jueves Santo (mañana): *Pregón a caballo*. Viernes Santos: tarde en *Procesión de las Siete Palabras*.

Participa como invitada el Sábado Santo *(Procesión de la Soledad)* y Domingo de Resurrección *(Procesión del Encuentro)* organizadas por la Real Hermandad de Jesús Divino Obrero.

**Montaje:**

Carpa San Marcelo.

**Titular:**

Santo Cristo de la Agonía

**Web:**

http://www.sietepalabras.com/

**Pasos:**

▶ **Primera Palabra,** *(Padre, perdónalos porque no saben lo que hacen)*, ***Santísimo Cristo de las Siete Palabras***, Fernando Aguado Hernández, 2022-2025).

▶ **Segunda Palabra,** *(Hoy estarás conmigo en la paraíso)* ***Santísimo Cristo de la Misericordia***, Ángel Estrada Escanciano, 1964). Carroza: Talleres Municipales con cartolas de Manuel López Becker. 6 hermanos.

▶ **Tercera Palabra** *(Mujer, he ahí a tu hijo...)*, ***Santísimo Cristo de la Entrega***, Hipólito Pérez Calvo, 1994). Carroza: Torneados Tejerina. 15 hermanos.

▶ **Cuarta Palabra** *(Dios mío, por qué me has abandonado,* ***Santísimo Cristo del Desamparo y Buen Amor***, Jesús Iglesias Montero, 1995-2000). Trono: Torneados Tejerina. 86 braceros.

▶ **Quinta Palabra** *(Tengo sed,* ***Santísimo Cristo de la Sed***, Manuel Martín Nieto, 2003). Trono: Talleres Hijos de Esteban Jiménez. 86 braceros.

▶ **Sexta Palabra** *(Todo se ha consumado,* ***Santísimo Cristo de la Sangre***, Manuel Martín Nieto, 2008). Trono: Torneados Tejerina. 74 braceros. 74 braceros.

▶ **Séptima Palabra** *(En tus manos encomiendo mi espíritu,* ***Santísimo Cristo de la Agonía*** de Gregorio Fernández 1631, copia de Amado Fernández Puente 1970). Trono: Arte Religioso Salmerón. 82 braceros.

**Banda de la Cofradía:**
Banda de Música (1988).
Sección de caballería (1994).

## Cofradía del Santo Cristo del Perdón
### (1965) («Los ferroviarios» ó «El Perdón»)

**Sede:**
Iglesia de San Francisco de la Vega.
Mixta. 850 cofrades.

**Salidas:**
Martes Santo: *Procesión del Perdón* (indulto del reo) y Miércoles Santo (noche) *Vía Crucis*.

**Montaje:**
Patio del Convento de las Clarisas Descalzas.

**Titular:**
Santo Cristo del Perdón.

**Web:**
http://santocristodelperdon.com/

**Pasos:**
▶ **La condena de Cristo** (Manuel López Bécker, 2005-2006). 86 braceros. Suele acompañarlo, bajo trono, algún penado que cumple condena en la Prisión Provincial.
▶ **Santo Cristo del Perdón** (Ángel Estrada Escanciano, 1966). 80 braceros.
▶ **Cristo de la Esperanza** (Anónimo, 1985). En parihuela. 22 braceros.
▶ **Madre de la Paz** (Amado Fernández Puente, 1984). 92 braceros.

**Bandas de la Cofradía:**
Banda de Música (2011)

# Cofradía de Nuestro Señor Jesús de la Redención (1991) («La Redención»)

**Sede:**
Iglesia de San Martín.
Solo varones. 600 cofrades.

**Salidas:**
Sábado de Pasión *(besapié al Cristo de la Redención)*, Domingo de Ramos (tarde) *Procesión de Nuestro Señor Jesús de la Redención.*

**Montaje:**
Museo Diocesano y de Semana Santa.

**Titular:**
Cristo de la Redención.

**Web:**
http://www.redencionleon.com/

**Pasos:**

▶ **Nuestro Padre Jesús de la Misericordia** (Luisa Ignacia Roldán, 1702-1705, peana corpórea obra de Fernando Aguado Hernández, 2022). Trono: Francisco Javier González. 92 braceros.

▶ **Cristo de la Redención** (Atribuido a Juan de Anchieta, segunda mitad del XVI). 86 braceros.

▶ **Nuestra Madre de la Divina Gracia** (Antonio José Martínez Rodríguez, 2012). 88 braceros.

## Cofradía del Santísimo Cristo de la Expiración y del Silencio
### (1991) («El Silencio»)

**Sede:**

Convento de San Francisco el Real (Padres Capuchinos). Solo varones confirmados. 140 cofrades.

**Salidas:**

Domingo de Ramos (tarde) en *Procesión del Dainos*, Martes Santo: *Vía Crucis leonés* cantado en la iglesia del Convento. Miércoles Santo: *Procesión del Silencio.*

**Montaje:**

Iglesia de San Francisco.

**Titulares:**

Cristo de la Expiración y Cristo de Medinaceli.

**Pasos:**

▶ **Jesús de Medinaceli «el Silencio».** Copia anónima del que recibe culto en Madrid, XX. 40 braceros.

▶ **Jesús Nazareno «el Dainos»,** Anónimo, XVIII. 40 braceros.

▶ **Santísimo Cristo de la Expiración,** atribuido a Rafael García Irurozqui, 1941. Procesiona en parihuela. 16 braceros

# Cofradía de María del Dulce Nombre
## (1991) («Las Marías»)

**Sede:**
Iglesia de San Martín.
Solo mujeres. 1.300 cofrades.

**Salidas:**
Jueves Santo (tarde) en la *Procesión de María al pie de la Cruz camino de la Esperanza*.

**Montaje:**
Carpa junto al convento de San Francisco.

**Titular:**
Virgen del Camino.

**Web:**
https://wwwmdn.wixsite.com/cofradia

**Pasos:**

▶ **Jesús consuela a las mujeres de Jerusalén** (Bartolomé Alvarado, 2003-2004). Trono: Talleres Tirado Carpio y Torredonjimeno. 104 braceras.

▶ **Cruz Gloriosa** (José Ajenjo Vega, 1992) Trono: Luis Alberto García Geute. 84 braceras.

▶ **Virgen del Camino Esperanza Nuestra** (José Antonio Navarro Arteaga, 2022). 92 braceras.

▶ **María Santísima del Dulce Nombre y San Juan Evangelista** (Luis Alberto García Jeute, 1996). Trono: Orfebrería Orovio. Manto: Juan Carlos Campo Salas. 102 braceras.

## Cofradía del Santo Cristo de la Bienaventuranza
### (1992) («Las Bienaventuranzas» o «Los Pitufos»)

**Sede:**
Iglesia de San Claudio.
Mixta. 920 cofrades.

**Salidas:**
Sábado de Pasión (noche) en *Vía Crucis*.
Jueves Santo (mañana): *Procesión de las Bienaventuranzas*.

**Montaje:**
Colegio de San Claudio.

**Titular**:
Santo Cristo de las Bienaventuranzas

**Web:**
https://santocristodelabienaventuranza.es/

**Pasos:**

▶ **La Santa Cruz.** Ricardo Flecha (1998). Trono: adquirido en la localidad de Maraña (se estrena en 2016), y sobre él se asentaba la Virgen del Río. 40 braceros y braceras (niños y niñas).

▶ **Nuestro Señor Jesús Nazareno.** Ana Rey y Ángel Pantoja (2016). Trono: Talleres municipales del Ayuntamiento de León con tallas de José Lonjos. 82 braceros.

▶ **Santo Cristo de la Bienaventuranza.** José Luis Casanova (2004) —copia del que se venera en la parroquia de San Claudio— Trono: Hijos de Esteban Jiménez (Baza, Granada). 90 braceros.

▶ **Nuestra Madre de la Piedad.** Ricardo Flecha (1998). Trono: Hijos de Esteban Jiménez (Baza, Granada). 70 braceras.

▶ **María Santísima de la Misericordia.** Ana Rey y Ángel Pantoja (2016). Trono: José Lonjos y Grupo de Montaje de la Cofradía, con complementos adquiridos en los talleres de Orovio de la Torre (Ciudad Real). 80 braceras.

**Bandas:**

Agrupación Musical (2011)

## Cofradía del Santo Cristo del Desenclavo
### (1992) («El Desenclavo»)

**Sede:**
Iglesia de Santa Marina.
Mixta. 550 cofrades.

**Salidas:**
Madrugada del Jueves Santo (de 0 a 2 h.) *Ronda Lírico Pasional*. Jueves Santo (tarde): *Oficio de Tinieblas y Procesión del Santo Cristo de las Injurias*. Sábado Santo: *Procesión del Desenclavo*.

**Montaje:**
Patio del Colegio Leones (frente a Santa Marina)

**Titular:**
Santo Cristo del Desenclavo

**Web:**
http://desenclavo.com

**Pasos:**

*Procesión del Santo Cristo de las Injurias:*

❱ **Santo Cristo de la Injurias** (Amancio González Andrés, 1995). 60 braceros.

❱ **María Santísima del Mayor Dolor en su Soledad** (Pablo Lanchares, 2013). Braceras: 60.

*Procesión del Desenclavo:*

❱ **Santo Cristo del Desenclavo en su camino al padre** (Manuel López Bécker, 2000). 90 braceros. Una vez desenclavado de convierte en ***Cristo Desenclavado en su camino hacia el Padre***. En carroza empujada por 12 hermanos.

❱ **La Piedad** (Talleres Arte Cristiano de Olot, 1913). 90 braceras.

❱ **Nuestra Madre María Santísima del Desconsuelo** (Jesús Azcoytia, 1998). 90 braceras.

**Salidas:**

Agrupación Musical (2018)

## Cofradía del Santo Sepulcro, Esperanza de la Vida
### (1992) («El Santo Sepulcro»)

**Sede:**
Iglesia de San Froilán. Mixta. 530 cofrades.

**Salidas:**
Lunes Santo (noche) *Adoración de las Llagas de Cristo*. Sábado Santo en *Procesión Camino de la Luz*.

**Montaje:**
Carpa Catedral.

**Titular:**
Santo Cristo Esperanza de la Vida

**Web:**
http://santosepulcroleon.es/

**Pasos:**
▶ **Santo Cristo Esperanza de la Vida** (Vicente Marín Morte, 1996). Braceros Lunes Santo, 16. Sábado Santo 64.

▶ **El hombre nuevo** (Vicente Marín Morte, 2001). 76 braceros.

▶ **Nuestra Señora de la Luz** (Ana Rey y Ángel Pantoja, 2015). Braceros 60.

**Bandas:**
Agrupación Musical (2003)

## Cofradía Agonía de Nuestro Señor
### (1993) («La Agonía»)

**Sede:**
Iglesia de Santa Marina.
Mixta. 206 cofrades.

**Salidas:**
Miércoles Santo (tarde). *Procesión de Jesús camino del Calvario.*

**Montaje:**
Patio del Colegio Leones (frente a Santa Marina)

**Titular:**
Jesús del Vía Crucis

**Web:**
https://www.facebook.com/
cofradiaagoniantrosenorleon

**Pasos:**
▶ **Jesús del Vía Crucis** (José Ajenjo Vega, 1998). Trono: talleres municipales. 47 braceras

## Sacramental y Penitencial Cofradía de Nuestro Padre Jesús Sacramentado y María Santísima de la Piedad, Amparo de los leoneses (1994) («El Sacramentado»)

**Sede:**
Real Basílica Colegiata de San Isidoro. Mixta. 375 cofrades.

**Salidas:**
Sábado de Pasión (tarde). *Procesión Camino de la Pasión y de la Esperanza*. Domingo de Resurrección (madrugada): *Via Lucis*.

**Montaje:**
Patio de la Colegiata de San Isidoro

**Titulares:**
El Santísimo Sacramento y la Virgen de la Piedad y del Milagro

**Web:**
https://jesussacramentado.es/

**Pasos:**
En la *Procesión Camino de la Pasión y de la Esperanza*:

▶ **Nuestro Señor Jesús Cautivo ante Anás** (Jaime Babío Núñez, 2011-2025). Trono: Talleres José Luis Morales y Julio Morillo. 65 braceros

▶ **Virgen de la Piedad y del Milagro** (Anónimo, s. XVI). Trono: Orfebrería Orovio de la Torre. 60 braceros.

▶ **Nuestra Señora de la Esperanza** (Miguel Bejarano Moreno, 2004). Trono: Orfebrería Orovio de la Torre. 70 braceras.

En el *Vía Lucis*:

**Nuestro Padre Jesús de la Esperanza** *(Melchor Gutiérrez San Martín, 1995)*

# Cofradía del Cristo del Gran Poder
## (1994) («Gran Poder»)

**Sede:**
Colegio de la HH. Trinitarias (parroquia de San Lorenzo). Mixta. 1.080 cofrades.

**Salidas:**
Domingo de Ramos (tarde). *Procesión del Cristo del Gran Poder*. Jueves Santos (tarde) *Procesión de la Despedida*.

**Montaje:**
Patio del colegio de las H.H. Triniarias

**Titular:**
Cristo del Gran Poder

**Pasos:**
En la *Procesión del Cristo del Gran Poder:*

▶ **Los Apóstoles.** Copia de Melchor Gutiérrez San Martín en 2024 de las realizadas por Andrés Tomé (1739). Trono realizado en madera de nogal, tallado de estilo zamorano con parrilla de aluminio. 90 braceros.

▶ **Cristo del Gran Poder.** Imagen de madera de caoba brasileña policromada, realizada por Melchor Gutiérrez San Martín y Víctor Ramsés Gutiérrez Renedo. Año 2000. Trono realizado por Arte Martínez, según proyecto de Melchor Gutiérrez, con parrilla de aluminio. 90 braceros.

▶ **La Expulsión del Templo.** Imágenes de madera de cedro policromada (Anás, Caifás y Jesús), realizadas por Arte Martínez, según bocetos de Melchor Gutiérrez. Año 2016. Trono realizado en madera con parrilla de aluminio. 80 braceros.

▶ **San Juan.** Imagen de madera policromada realizada por José Miguel Tirado Carpio. Año 2006. Trono adquirido a la Hermandad de Santa María Magdalena de Tobarra (Albacete). 90 braceras.

▶ **Virgen del Gran Poder.** Imagen realizada por Melchor y Víctor Ramsés Gutiérrez. Año 2000. Manto en terciopelo granate bordado en hilo de oro por Francisco Perales. Saya realizada en terciopelo rojo y bordada en hilo de oro por Melchor Gutiérrez. 100 braceras.

En la *Procesión de la Despedida:*

▶ **La Oración en el Huerto.** Ángel: Imagen de madera de cedro policromada, realizada por Arte Martínez, según boceto de Melchor y Víctor R. Gutiérrez. Año 2016. Cristo: Imagen de madera policromada, realizada por Miguel Bejarano Moreno. Año 2002. Trono realizado en madera con parrilla de aluminio. 80 braceros.

▶ **La Mujer Piadosa.** Imágenes realizadas por Arte Martínez, según bocetos de Melchor Gutiérrez. Año 2022

▶ **Las Marías.** Virgen del Pozo: Imagen policromada realizada por Melchor Gutiérrez. Año 2016. María Magdalena y María de Cleofás: Imágenes policromada realizadas por Miguel Bejarano Moreno. Año 2002. Trono adquirido a la Hermandad de Santa María Magdalena de Tobarra (Albacete). 90 braceras.

▶ **Jesús Despojado.** Imagen realizada por Melchor Gutiérrez. Año 2016.Trono realizado por Arte Martínez, según proyecto de Melchor Gutiérrez, con parrilla de aluminio. 90 braceros.

**❱ Virgen de los Reyes de León.** Imagen realizada por Melchor Gutiérrez. Año 1997. Ropas, todas ellas inspiradas en la monarquía hispánica del Siglo XVI bajo la Casa de los Austrias. Palio integrado por 18 bambalinas de cuero repujado por ambos lados, así como 14 efigies de los Reyes de León. Trono realizado por la Cofradía, según proyecto de Melchor Gutiérrez. 100 braceras

**Bandas:**
Agrupación Musical (2012)

# Agrupación de Braceros de la Parroquia del Mercado

**Sede:**
Iglesia de Nuestra Señora del Camino La Antigua.

**Salida:**
Viernes de Dolores

**Montaje:**
En la iglesia.

**Pasos:**

▶ **Nuestra Señora del Mercado, La Morenica** (Anónimo, XV).

# Junta Mayor de Cofradías y Hermandades de la Semana Santa de León (1947)

**Sede:**

Consistorio Viejo en la plaza Mayor

**Salida:**

Domingo de Ramos en *Procesión de las Palmas.*

**Montaje:**

Museo Diocesano y de Semana Santa.

**Web:**

http://www.semanasantaleon.org

**Pasos:**

▶ **Entrada de Jesús en Jerusalén», La Borriquilla»** (Talleres de arte Cristiano de Olot, 1944). Se lleva a hombros de hermanos de todas las cofradías.

# BANDAS INDEPENDIENTES

## Banda de Cornetas y Tambores del Santísimo Cristo de la Victoria (1994)

**Web:**
http://bandavictoria.blogspot.com.es/

## Banda de Cornetas y Tambores Nuestra Señora de la Soledad (2016)

## Banda de Cornetas y Tambores de Nuestra Señora del Carmen de San Martín (2021)

## Banda de Música Reino de León (2023)

# Las procesiones

## VIERNES DE DOLORES

▶ **TARDE**
▷ Procesión de la Dolorosa (Braceros del Mercado)

## SABADO DE PASION

▶ **TARDE**
▷ Procesión Camino de de la Pasión y Esperanza (Sacramentado)
▷ Procesión de Hermandad (Divino Obrero) (Años alternos)
▷ Besapié al Cristo de la Redención (Redención)
▶ **NOCHE/MADRUGADA**
▷ Solemne Vía Crucis Procesional (Bienaventuranzas)

## DOMINGO DE RAMOS

▶ **MAÑANA**
▷ Procesión de las Palmas (Junta Mayor)
▶ **TARDE**
▷ Procesión del Cristo del Gran Poder (Gran Poder)
▷ Procesión del Dainos (Silencio)
▷ Procesión del Santo Cristo de la Redención (Redención)
▶ **NOCHE/MADRUGADA**
▷ Encuentro de Maria con su hijo en la calle de la amargura (Silencio y Angustias)

## LUNES SANTO

▶ **TARDE**
▷ Procesión de la Pasión (Angustias, Jesús y Minerva)
▷ Procesión del Rosario de Pasión (Santa Marta)
▶ **NOCHE/MADRUGADA**
▷ Solemne adoración procesional de las Llagas de Cristo (Santo Sepulcro)

## MARTES SANTO

▶ **TARDE**
▷ Procesión del Perdón (Perdón)
▷ Procesión Dolor de Nuestra Madre (Angustias)
▷ Via Crucis Leonés Cantado (Silencio)

## MIÉRCOLES SANTO

▶ **TARDE**
▷ Procesión Jesús Camino del Calvario (Agonía)
▷ Procesión Virgen de la Amargura (Minerva)
▷ Procesión del Silencio (Silencio)
▶ **NOCHE/MADRUGADA**
▷ Solemne Vía Crucis Popular (Perdón)
▷ Ronda Lírico-Pasional Luis Pastrana Giménez (Desenclavo)
▷ Solemne Vía Crucis Procesional (Siete Palabras)

## JUEVES SANTO

▶ **MAÑANA**
▷ Procesión de las Bienaventuranzas (Bienaventuranzas)
▷ Pregón a caballo de la Cofradía de las Siete Palabras de Jesús en la Cruz (Siete Palabras)
▷ Saca (Jesús y Angustias, Siete Palabras)
▶ **TARDE**
▷ Procesión María al Pie de la Cruz, Camino de la Esperanza (Marías)
▷ Procesión de la Sagrada Cena (Santa Marta)
▷ Procesión de la Despedida (Gran Poder)
▷ Procesión de Las Tinieblas y Santo Cristo de las Injurias (Desenclavo)
▶ **NOCHE/MADRUGADA**
▷ La Ronda (Jesús)

## VIERNES SANTO

▶ **MAÑANA**
▷ Procesión de los Pasos (Jesús)
▶ **TARDE**
▷ Sermón y Procesión de Las Siete Palabras (Siete Palabras)
▷ Solemnísima y Oficial Procesión del Santo Entierro (Angustias, años pares; Minerva, años impares)
▶ **NOCHE/MADRUGADA**
(Recogida Santo Entierro)

## SÁBADO SANTO

▶ **TARDE**
▷ Procesión del Santo Cristo del Desenclavo (Desenclavo)
▷ Procesión Camino de la Luz (Santo Sepulcro)
▷ Procesión de la Soledad (Divino Obrero)
▶ **NOCHE/MADRUGADA**
▷ Recogida Camino de la Luz y Vigilia Pascual en la Catedral (23 horas)
▷ Recogida de la Soledad

## DOMINGO DE RESURRECCIÓN

▶ **MAÑANA**
▷ Vía crucis (Jesús Sacramentado)
▷ Procesión del Encuentro (Divino Obrero)

# Momentos, actos y lugares de un avezado y contumaz papón de acera...

Resulta pretencioso intentar recomendar los momentos imprescindibles de la Semana Santa leonesa. Y será así porque cada quien tendrá los suyos, esos especiales en los que, erizándoles el cabello o haciéndoles asomar las lágrimas (o las sonrisas), hacen disfrutar de una manera especial a cada quien, convirtiendo esos lugares o momentos —normalmente repletos de público— en algo memorable.

No vamos a destacar los montajes de las procesiones pues, al fin y al cabo, suelen ser momentos íntimos para las cofradías pero deben saber que ningún hermano se siente ofendido –al contrario, estará encantando de responder sus preguntas— si deciden acudir a presenciar alguno. En los datos que se han reseñado de las distintas cofradías se han indicado los lugares donde montan unas y otras. Eso sí. Si en algún momento les piden que abandonen el lugar, sepan que lo hacen, sin duda alguna, por respeto a las imágenes o por necesidades de estricto trabajo. Tengan en cuenta, además, que los grupos de montaje de las Cofradías están esa semana sobresaturados de trabajo y aunque la tarea es voluntaria, a todos les faltan muchas horas de sueño. Colaboren si se les pide algo. Nunca se debe al capricho. Además, como la mayoría de los montajes se desarrollan por las mañanas –sin perjuicio de que alguna procesión, como la de Los Pasos o los Entierros, requieren varios días y noches— sugerimos hacer ese otro tipo de visitas no estrictamente pasionales (museos, iglesias, calles, figones…) que, sin duda, levantarán también pasión pues León es una ciudad que tiene mucho más que degustar que su Semana Santa (aunque ésta sea exquisita) y no deben perder detalle.

Es cierto, sin embargo, que hay algunos momentos que reseñaremos que disfrutan del galardón de hacer las delicias de casi todos. En estas breves líneas encontraremos las propuestas de quien les está guiando por la Semana Mayor leonesa aunque es evidente que no estarán todos los que son. A buen seguro serán, no obstante —si consiguen presenciarlos con la mirada de un niño, con el corazón abierto— acaso los momentos imprescindibles para la mayoría…

En ocasiones, el estar en un lugar determinado a una hora aproximada concreta para presenciar un momento mágico, impedirá asistir a otro que merezca esa misma calificación sea en una misma procesión o en otro acto que se celebra a la misma hora. A esa dificultad el que escribe no tiene solución salvo que ustedes gocen del don de la ubicuidad cosa que dudo. No obstante, sepan que cada año se repiten inexorablemente los guiones aunque los actores cambien, por lo que lo sencillo es volver a León en otra Semana Santa y escoger esos momentos que aun les queden por vivir.

# ¡Síganme!
Les voy a llevar por la ruta de los sentidos…

# DOLORES

La salida de la procesión en C/ Herreros (a las 20 h.) desde la calle es un buen lugar para observar cómo todo un pueblo rinde honores a una Madre. Abades y Secretarios de las Hermandades se intercambian las invitaciones a sus respectivos actos.

Si entran en la iglesia escucharán el Himno a la Patrona de León (sin título oficial) desde el coro. Las campanas del Mercado tocan arrebato y solo dejarán de hacerlo hasta que las de la espadaña de las Carbajalas ya atisben la llegada de la Virgen. El paso va acompañado por cientos de velas en manos de las mujeres que la acompañan. Si presencian la salida, pueden atajar y acercarse a la plaza del Grano (al lado) a ver cómo el paso entra en la capilla de las monjas Carbajalas. Eso sí. Tendrán que estirar el cuello.

Quienes deseen presenciar las esencias de una semana santa distinta, deben acudir a la Capilla de las Carbajalas sobre las 19 horas (si llegan más tarde es complicado), penetrar en ella y esperar pacientemente a que la Virgen entre (sobre las 20,30). Es entonces cuando las monjas entonan *Salve Regina* rodeadas de silencio, **raseos** y emoción. La salida de la Virgen a la C/ Ancha (sobre las 21,30) hacen que tengan una bella visión de la procesión con la Catedral iluminada al fondo.

Sobre las 21,45 –también en la calle Ancha a la altura de la Capilla del Cristo de la Victoria— un coro recibe a la Señora. En la plaza de Santo Domingo (entre 22,00 y 22,15) braceros y pueblo cantan a la Virgen la Salve popular en contrapunto.

La llegada de la Procesión se produce sobre las 23 horas en la iglesia de la que salió. Con menos gente, puede ser un buen momento de ver otros detalles del paso, de los sonidos (además del adiós de las bandas, se canta el Himno a la Virgen del Camino ya dentro de la iglesia) y de los –escasos, en esta procesión— silencios.

A esa hora, los bares y restaurantes siguen repletos. En León, en Semana Santa, nunca es tarde para reponer fuerzas.

Una buena opción es esperar la llegada de la Procesión del Sacramentado en la plaza de San Isidoro donde antes la Coral Isidoriana rendía honores a los pasos (hoy los hace en el patio, antes de salir la procesión por lo que, si aguza el oído podrá escucharlos desde la plaza de Santo Martino. Acérquense a la puerta). Esta ubicación, además, permitirá a los amantes de las bandas haber presenciado su llegada *en ordinaria* (desde las 17,30) antes de la salida de la procesión. Esa tarde es una de las pocas ocasiones que hay para escuchar en León a la magnífica Banda de Cornetas y Tambores del Santísimo Cristo de la Victoria que esa misma noche, al encerrar el cortejo, parte para tierras andaluzas.

Como esta procesión lleva *aires del Guadalquivir* discurre muy lentamente por lo que puede presenciarla en varios lugares de la ciudad. Quien escribe disfruta de ella ante la capilla del Cristo de la Victoria (sobre las 18,45h.) donde se celebra un acto de veneración al Cristo del siglo XII que da nombre a la capilla, en la calle de Rúa (a la altura del antiguo Bar Begoña), plaza de Las Tiendas (en pleno corazón del Húmedo), o en su recogida (plaza de Santo Martino) sobre las 23 h., momento sin tanto oropel de gentío. Esta es la única cofradía en León que lleva sus pasos sobre dos hombros.

A las 19 h. se celebra un acto íntimo en la capilla de las Madres Carbajalas: el besapié al Cristo de la Redención. Uno de los pocos actos que nos recuerdan la semana santa del pasado. Será necesario acudir sobre las 18.30. En caso contrario, será difícil entrar.

Esa misma noche se celebra un Via Crucis por el Barrio de San Claudio. El Santo Cristo de la Bienaventuranza a hombros, desnudo de trono, discurre envuelto en silencios. Aconsejamos la llegada al templo (sobre las 23 h.).

¡Sacramentado! Te espero
escondido tras las puertas.
Para soñar para siempre
un poema de corcheas
que esta tarde por las calles
redoblará por saetas.

¡Cristo de la Redención!
Estaremos tras las puertas
cuando las benedictinas
tiemblen con voz leonesa
mientras rezan unas Vísperas
escondidas en sus piedras.

¡Moreno Cristo en San Claudio!
Me encontraré tras las puertas
cuando llegues en la noche
a una capilla desierta
mientras unas cuerdas dulces
miran hacia las estrellas,
entonando *Madrugadas*
que sonarán a promesas.

Esa tarde y esa noche
me encontraré tras las puertas…

# RAMOS

León se despierta entre palmas pues la mayoría de las Cofradías a primera hora celebran procesiones alrededor de los templos que las acogen. Pero no les vamos a pedir que madruguen.

Bastará— si quieren saborear el ambiente de estreno pues ya saben que *quien no estrena ese domingo puede quedarse sin manos*—, con que se acerque a las 12 h. a la plaza

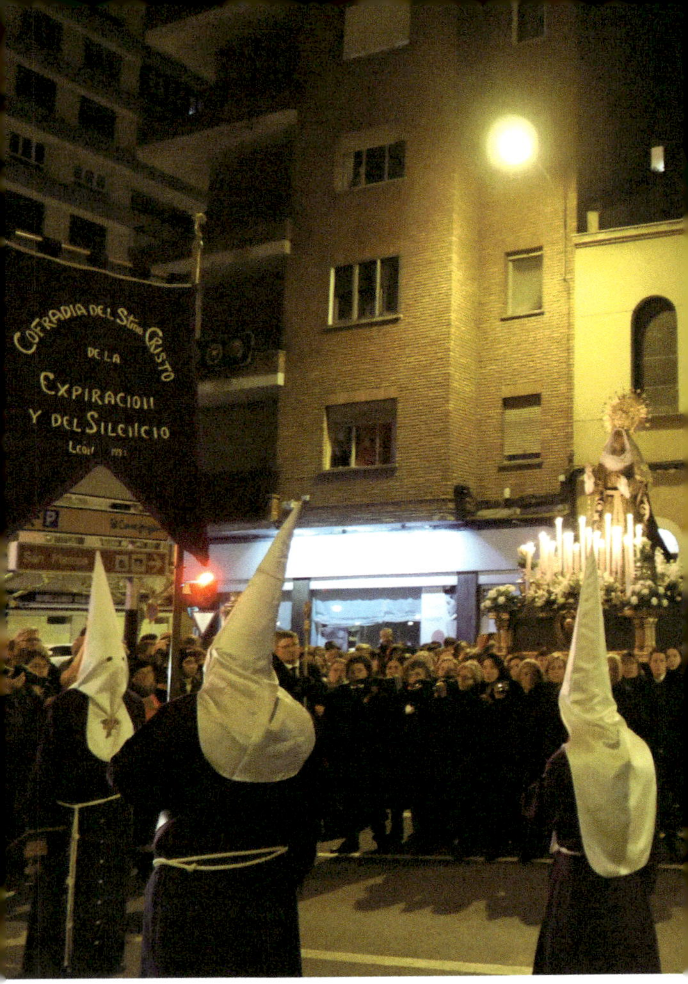
COFRADIA DEL Stmo CRISTO
DE LA
EXPIRACION
Y DEL SILENCIO
LEON

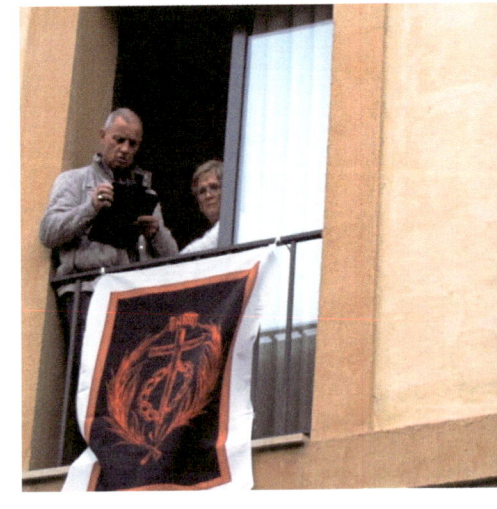

de San Marcelo al acto de Bendición de las Palmas y que siga –si el gentío se lo permite— la comitiva hasta la Catedral. Ésta es la única procesión que organiza la Junta Mayor de Cofradías y Hermandades. Encontrarán la ciudad repleta de sonrisas y los bares a rebosar: la limonada ya corre como los ríos que escoltan León (Bernesga y Torío).

Por la tarde hay tres cortejos que requieren sosiego y una buena dosis de paciencia. Quien venga a disfrutar con las prisas que suelen rodear la vida cotidiana, mejor que no lo haga.

El **Gran Poder** sale a las 17 Sobre las 17, 45 (Puerta del Palacio Episcopal) se simboliza la Entrada Triunfal de Cristo en Jerusalén.

Para los amantes de sensaciones antañonas y sobrecogedoras, aconsejamos presenciar la salida de la Procesión del *Dainos* desde el interior del templo (Capuchinos) a las 19,45. Sobre las 19 y en el crucero que preside la plaza del Grano las Cofradías de la Sobarriba se reúnen para acudir a buscar la procesión entre dulzainas y tamboriles. Pueden acompañarles, si lo desean, para penetrar después en la iglesia. Hacen un bello recorrido atravesando el León medieval, en especial, Las Cercas. Previamente habrán entonado una *Salve*. Cuando el Dainos aparezca por la plaza del Grano, la espadaña de Las Carbajalas le saluda, mientras la Banda de las Siete Palabras que le acompaña hace que su subida por la cuesta sea digna de mención. En esta procesión, un coro de mujeres entona a lo largo del recorrido el *Rosario de la Buena Muerte* que es contestado por los **papones** y el público. A las 21 horas y frente a la Virgen Blanca de la Catedral se entona la Salve de nuevo.

Ese mismo coro es el encargado de cantar *La Adoración de las Llagas* en uno de los encuentros más espectaculares de la Semana Santa leonesa –por sus silencios—. Para presenciarlo, deben acudir a las 22,30 a la capilla de Santa Nonia y, en absoluto silencio, dejarse llevar por los sentidos.

A las 21,00 (minuto arriba o abajo pues depende del paso lento del *Cristo Ranero del Dainos*) sale del Museo Diocesano y de la Semana Santa la **Procesión de la Redención.** Tras la llamada del secretario a la puerta del museo, los papones de rojo y negro, salen a la calle en absoluto silencio. No se pierdan los pebeteros del Cristo de la Misericordia llenando el cielo de incienso. Ni la elevación del Cristo de la Redención sobre el trono cuando éste ya está en la calle. Espléndidas obras de arte ambos (ss. XVI y XVII) que se completa con otro reciente premio nacional de escultura (La Hornacina) en la Madre de la Divina Gracia.

Para quien les escribe, escuchar la marcha *Jesús del Prendimiento* mientras Nuestro Señor Jesús de la Misericordia se pone en marcha, es uno de los momentos más emotivos de nuestra Semana Mayor.

Tanto al paso de la procesión por la iglesia de San Martín (sobre las 22,30 h.) como en la recogida (sobre las 0,00 h), interviene un coro haciendo esa procesión algo mágico e irrepetible. Sin duda alguna, el golpeteo rítmico de las horquetas que todos los braceros llevan durante el trascurso del cortejo será –también— algo que no olviden.

# LUNES SANTO

Por muy voluntariosos que sean ustedes les resultará prácticamente imposible acudir a todos los actos que se proponen esa tarde pues todos ellos parten en horas muy cercanas y la ciudad resulta poco transitable por el gentío que se agolpa en las aceras para presenciarlos. Yo intentaré explicarles las bondades de cada uno desde mi juicio subjetivo y escoger se lo dejo a ustedes.

La *marabunta negra*: Si desean contemplar las tres Cofradías centenarias en la calle (**Angustias, Jesús y Minerva**) con tres de los pasos que más devociones concitan en nuestra ciudad (Nuestra Señora de las Angustias de Angers, s. XVI, Nuestro Padre Jesús Nazareno de Gregorio Fernández, s. XVII,

y La Piedad de Luís Salvador Carmona, S. XVIII) puede optar por presenciar la procesión de la Pasión que sale de Santa Nonia a las 20 h. Quien les escribe gusta de presenciarla bien en la calle Zapaterías (estrecha ella) o en la Ancha (que hace honor a su nombre) con la visión de la Catedral (a partir de las 21,30 horas). El final de la procesión puede ser otra opción (sobre las 22, 30 en Santa Nonia. Miles de encapuchados negros y las distintas bandas serán, junto con las obras de arte sacro citadas, el fuerte de este cortejo.

En el mismo momento en que el cierre de la *procesión negra* deja la plaza de las

Concepciones (sobre las 21,45 h.) el **Santo Sepulcro** saca en parihuela a su Cristo Titular para rezar *Las Llagas* a lo largo de su recorrido. Aconsejo la salida, apostado en la puerta de las Concepciones. El grupo San Pedro de Castro pone voz y luz al cortejo que merece la pena por su recogimiento. Al finalizar el acto, los hermanos y los asistentes rompen su voto de silencio en un besapié a su Cristo Titular (deben entrar en el templo).

Otra forma de recordar procesiones del pasado es presenciar la del ***Rosario de Pasión*** de **Santa Marta** (salida a las 20, 45 y llegada sobre las 23,15). Las obras —que se portan en pequeños tronos— son del XVI, XVII y XVIII y se encuentran al culto en distintas iglesias de la provincia. Durante el recorrido por el Barrio Romántico, esta pequeña procesión llena las calles de sombras.

Voy a arriesgarme e intentaré un consejo para que las vean todas: acudan al parque de San Francisco —lado derecho, cerca de los Franciscanos— a las 20,15 horas para ver la salida de *los negros;* la ubicación que les he sugerido, les permitirá estar a pie firme en la puerta de la Concepciones para ver la salida de la *Adoracion.* Y sobre las 22,30 corran a la zona de San Isidoro (buena opción es atravesar la plaza de la Catedral por su parte derecha (debe llegar a ella por c/ Caño Badillo) y coger Sierra Pambley para llegar al Barrio Romántico). Busquen la procesión para ver el *Rosario* que se encierra a las 23,15. De esta forma— es cierto— no podrán paladear todas en su justa medida, pero, el menos, podrán hacer un *menú degustación.* Imprescindible conocer atajos. Si no es así, ni lo intenten. Algunos se los he sugerido yo. Pero hay otros.

# MARTES SANTO

Tres actos hay en la tarde del Martes Santo. El más conocido, la **Procesión del Perdón**, puede verse en la C/ Plegaria frente a San Martín. La estrechez de la calle produce una visión más humana del cortejo, permite escuchar como recibe el coro a los pasos cuando transitan frente a la iglesia y observar la ofrenda floral que se hace a la Cofradía de Ánimas del Cristo de afuera. Si quiere presenciar el acto central de la procesión que no es otro que el **indulto del reo,** éste se celebra previamente en el atrio de la Catedral (sobre las 19,30 h.). En él interviene el Orfeón Leonés y lamentablemente, por necesidades propias de la procesión, debe presenciarse detrás de las vallas dispuestas por la organización. Existe megafonía por lo que pueden escucharse las intervenciones. La salida de la procesión, será desde el Convento de las Clarisas

A las 20 horas y de la capilla de Santa Nonia, parte la procesión más mariana de León, ***Dolor de Nuestra Madre***, en la que, además de Nuestra Señora de las Angustias y La Soledad (sin palio), puede observarse la Virgen de las Lágrimas y San Juan. Aconsejamos verla en Rua con Concepciones (sobre las 22 h.). Eso permitirá, además de escuchar a un coro que interviene al paso de las Vírgenes, haber presenciado el indulto del reo o haber acudido al acto del que inmediato hablaremos. Otra opción para esta procesión es acudir a su recogida (sobre las 22,30 h.) en Santa Nonia.

A las 20,30 en el templo de los Franciscanos se celebra un **Via Crucis popular cantado** por un coro de mujeres de la vecina localidad de Villalobar. Éste va desgranando las distintas estaciones mientras los hermanos de la Cofradía, cruces en mano, en silencio y ceremoniosamente, van rodeando los distintos lugares que simbolizan lo que se narra. El acto finaliza con un besapié al Santísimo Cristo de la Expiración, venerado antaño en la Capilla de los Toreros en Madrid. Es un acto en el que el respeto y el silencio –además de las peculiares voces nasales y *arrastronas* del coro que canta «a la leonesa»— son los mejores adornos.

# MIÉRCOLES SANTO

No se extrañen si esa tarde notan como si las gentes ya no tuvieran prisa en absoluto. Es que León, desde que el **Silencio** pone los pies en la calle se convierte ya hasta el domingo a las tres y media de la tarde en pura Semana Santa pues los relojes, van a ritmo de tambor, raseos y emoción. Y no se engañen. Que aunque alguna tienda o centro comercial abra el Jueves Santo, los leoneses *piensan en papón* y no necesitan otros adornos ni compras que no sean el paseo, el ver procesiones, el llevar o recoger a los **paponines**, el compartir mesas semanasanteras, el jugar a las chapas (que alguno hay) y en fin, disfrutar de la Semana Santa y su ambiente hasta la saciedad, que, para algunos, nunca llega, por cierto. A la saciedad nos referimos. La Semana Santa, aunque tarda, siempre lo hace tras con la primera luna llena de primavera.

Como ocurre con el Lunes Santo, es imposible ver todos los actos que se celebran, más o menos, a la misma hora. Pero voy a

intentar sugerir varias posibilidades para que nadie se quede con ganas.

Si a las 20 horas se ubican en la Iglesia de Santa Marina pueden ver la salida de la Procesión *Jesús Camino del Calvario,* cortejo pequeño en dimensiones. De esta forma, podrán llegar a tiempo –sin paradas, eso sí— de acudir a la iglesia de los Capuchinos pues la salida de la **Procesión del Silencio** –desde el interior del templo, a las 20,30 h— es algo que nadie debería perderse. Escuchen las **matracas**, las **horquetas**, los **toques de abogar** con la **esquila,** el **tambor destemplado** (en ésta procesión no se utiliza la voz nada más que para rezar el *Credo de los Apóstoles*). Durante todo el recorrido (perciban cómo las aceras enmudecen al paso del cortejo) el tambor destemplado marca el ritmo y los toques de ronda dan paso el rezo del Credo. A las 21,30 horas, frente a la Virgen de la plaza de la Inmaculada, se canta la Salve. Buenas imágenes de este pequeño acto se tienen en la c/ de la Rua. El final de la procesión (nuevamente desde el interior del templo, sobre las 22,30 h.) es digno también de mención, entonando *Perdona a tu Pueblo.* Sobrecoge el silencio. Se lo prometo.

A las 20, 30 horas, desde el patio de las Carbajalas y la plaza del Grano, sale la Procesión de la *Amargura* organizada por la Real de Minerva y Vera Cruz. La procesión nos deja bellas estampas en el buen hacer de los papones de negro y morado. Varios lugares son sumamente atractivos aunque, por elegir algunos, sugiero presenciarla en San Martín o en la calle Ancha. Si se quiere más cercanía sin duda la c/ Teatro y Rúa. Y si no han podido o no han llegado a estos lugares, sepan que se recoge a las 23,30 en la plaza del Grano por lo que pueden acercarse a su recogida y verla en toda su dimensión.

Para los amantes de la historia, la literatura y la poesía, la Cofradía del Desenclavo hace una apuesta por la palabra en la **Ronda Lírico Pasional** que parte de la iglesia de Santa Marina a las 24 horas. Sin dejar el *Barrio de las Altas Torres,* irá haciendo alocuciones en las paradas que el propio orador ha sugerido. La oscuridad, las teas humeantes con las sombras que producen, y un piquete de ronda con tambor destemplado, serán el acompañamiento de este viaje alucinante por la madrugada leonesa. Eso sí. Obligatorio abrigo. Y, en ocasiones, ni siquiera llega con él para despejar el frío. No se preocupen. Cuando acabe el recorrido, sigue habiendo bares abiertos.

También a las 24 horas parte de San Marcelo el cortejo más sobrecogedor de ese día, por sus silencios, pos sus estampas, acaso por su sencillez y por su acompañamiento musical. El **Solemne *Vía Crucis Procesional*** de las Siete Palabras parte de San Marcelo con el Cristo de los Balderas abrazado por los hermanos. Desde que penetran en la muralla de Independencia hasta que llegan nuevamente a la iglesia de salida (a las tres de la madrugada), su recorrido por Las Cercas, su entrada en la iglesia del Mercado y su retorno a través de la Rúa, hacen que el espectador enmudezca como los hermanos. A la llegada, escoltado por todos los asistentes que iluminan su recorrido, el Cristo de los Balderas se acuesta con la marcha *La Madrugá* interpretada por la banda de música de la Cofradía. Las aseguro que merece la pena no acostarse hasta que el Señor ya lo haya hecho. Al día siguiente, no es obligatorio madrugar.

# JUEVES SANTO

A unque el que narra esta historia suele madrugar para no perder detalle, sepan que, para ver la **Procesión de las Bienaventuranzas,** pueden ir directamente a la Catedral sobre las once de la mañana. Allí se leerá el pasaje bíblico que da nombre a la Cofradía y se elevarán literalmente los pasos al cielo. Si no han llegado a este acto, bellas estampas de la procesión se viven en la c/ Zapaterías o en San Francisco (a partir de las 12).

En la mañana del jueves es imprescindible acudir a Santa Nonia para ver los pasos expuestos y echar *una perra «pa» Jesús* aunque deben saber que **la Saca** y la capilla abierta, están presentes hasta las 21 horas.

Aunque el **Pregón a Caballo de las Siete Palabras** parte a las 12,30 de San Marcelo (Consistorio), yo aconsejo verlo ante la Catedral o San Isidoro. La razón es obvia por el escenario además de encontrar menos gentío. Si tiene ganas de andar deprisa un rato, vayan de la Catedral a San Isidoro por Sierra Pambley y sigan a los caballos para escuchar el sonido de sus cascos en el empedrado leonés (no se preocupen: los equinos van *al paso*). Cada dos años, el poema que se lee se escribe por distintos poetas. Si les gustare mucho, sepan que la Cofradía lo pone a la venta en su caseta o en la carpa instalada en San Marcelo donde ubican su «saca».

Repongan fuerzas y descansen tras esa mañana intensa. La tarde y la noche les espera. Y es exigente.

A las siete y cuarto de la tarde, la ciudad debe vestirse de verde y negro. Y convertirse en mujer. Las hermanas de la cofradía femenina más numerosa nos volverán a emocionar con su forma de hacer semana santa. Volverán a pujar sus pasos dulce y acompasadamente con la música. Nos mostrarán a la Patrona y a una María del Dulce Nombre con San Juan Evangelista que cierra, bajo palio, el cortejo. Voy a contarles un secreto: la Madre tiene los ojos verdes, como el capillo de las hermanas que la abrazan. Nadie debe obviar a *Las* Marías. No se arrepentirán.

A las ocho, en la plaza de Regla, estará todo dispuesto. La Cofradía que nació en el seno de la Hostelería, estará en el atrio de la catedral bendiciendo el pan que irá dispuesto en el cenáculo. Santa Marta volverá a asombrar con su espectacular cortejo vesperti-

no en el que las escenas anteriores a la pasión de Cristo (*El Lavatorio, La Casa de Betania, Unción en Betania*) serán el pórtico de una Sagrada Cena que Víctor de los Ríos talló –seguro— consciente que pasaría a la historia. Trece son las figuras. Trece las obras de arte. Las samaritanas que discurrirán frente a nuestros ojos nos darán un contrapunto al cortejo de tanto papón con el capillo rojo. Al finalizar la procesión, ese pan que ha paseado por la ciudad, se raparte entre los asistentes. Acérquense

y lleven un trocito, aunque sea en su corazón. Santa Marta, a buen seguro, habrá mostrado a León lo mucho que tiene que decir.

Un poco antes, sobre las siete, la Cofradía del Cristo del Gran Poder, escenificará la Despedida entre Cristo y los suyos en la plaza de San Isidoro. Allí el Cristo del Gran Poder y su Madre de los Reyes (bellas obras de Melchor Gutiérrez) se dirán adiós en presencia de los Apóstoles y las «Marías».

A las ocho menos cuarto de la tarde, en el corazón del barrio de las Altas Torres, en la Iglesia de Santa Marina, los hermanos del Desenclavo se empeñarán en llevarnos al pasado más remoto. Allí, se celebrará el Oficio de Tinieblas antes de que la procesión del Santo Cristo de las Injurias se asome por la ciudad. Se apagarán, una a una, las velas del tenebrario —hasta trece— y con un canto del *Miserere* que nos encogerá el alma, el velo del templo se rasgará, las matracas y carracas nos ensordecerán para después, muy despacio, poder seguir una procesión en completo silencio por las callejas del casco viejo. Frente a las Clarisas, estos hermanos *devolverán* a esas madres, las treinta monedas de la traición.

Lo sé. Me dirán que es imposible saborearlo todo. Quizás, con suerte y atajando sin pausa, podrán conseguirlo. Al menos, unos momentos de cada cortejo. ¡No se desfonden aún! De todas formas, no se apuren. Gran Poder, La Cena y Marías, aunque no consecutivas, pueden verse sin moverse de la propia plaza de la Catedral.

Tras picar un tentempié —que no solo de pan vive el hombre—, es necesario permanecer despierto al menos, hasta media noche. Frente al balcón consistorial de la plaza de San Marcelo, cuando el reloj de la Catedral marque las cero horas del Viernes Santo, cuando la luna de Nisán esté rabiosamente encendida, la Cofradía de Jesús Nazareno da comienzo a su Ronda centenaria para despertar a todos los hermanos, para anunciar a León el paso inminente de su procesión, y así cumplir, estén seguros, un compromiso con la historia de la ciudad. Unos minutos antes, un orador explicará —con breves palabras— el sentido de este caminar. Muy pronto, esquila, clarín, tambor destemplado y voz nos llevarán por el camino de los sueños porque para quien no se haya dado cuenta todavía, León lleva soñando desde el Viernes de Dolores y lo seguirá haciendo hasta que el próximo domingo a las tres de la tarde en el Ejido comience, para muchos, otra nueva Semana Santa, precisamente, cuando se acaba todo…

# VIERNES SANTO

**S**é que lo que les voy a proponer requiere estar en buena forma pero no se apuren. Si los papones y leoneses son capaces sin entrenar ustedes también lo serán.

Me parece necesario madrugar y acercarse a los alrededores de la capilla de Santa Nonia sobre las 7 h. Allí, entre miles de papones *negros* ansiosos por sacar la procesión, podrán escuchar los últimos toques de **Ronda** para despertar a los hermanos (aunque ya no haga falta pues todos están a punto). El último de voz se produce sobre las 7,15 frente a la puerta de la Iglesia atisbando al Nazareno que ansía salir a que le veneren por las calles en su procesión, la de **Los Pasos**.

A las 7,30 en punto en ocasiones —por los caprichos que tiene la primavera y la mutación de fechas en la Semana Santa— el primer rayo de sol puede iluminar la cara del Señor en el mismo momento en que sale por la puerta con la procesión (al menos los cinco pasos que abren) ya formada y puesta en marcha en ese mismo momento. No se pierdan esa salida. Les permitirá además acudir –si no se demoran demasiado— al acto del **Encuentro** en la plaza Mayor (que ostenta, junto con la Procesión de los Pasos, mención especial en la Declaración de Interés Turístico Internacional, único caso en España). Se celebra sobre las 9,30 horas y, éste sí, es un acto imprescindible. No se preocupen en esa plaza y a esa hora caben muchas almas. Lleguen pronto. Desde que Nuestro Padre Jesús Nazareno pone un pie en la plaza y hasta que se atisba la Dolorosa por la c/ Santa Cruz, la Agrupación Musical de la Cofradía del Dulce Nombre de Jesús Nazareno tocará una *chicotá* en la que irá enlazando marchas sin solución de continuidad, haciendo que pasos, papones y público aceleren el pulso a su ritmo.

Los años en los que la plaza Mayor ha estado en obras, el Encuentro se ha trasladado a la plaza de Regla (Catedral). Ténganlo en cuenta. Ya se sabe que los munícipes son amigos de hacer obras aunque se avecine la Semana Santa.

El paso de la Procesión por la Cuesta de las Carbajalas es impresionante pero sepan que si la ven ahí, no podrán estar en El Encuentro. Si tienen imaginación y les gustan los sonidos distintos, acudan a ver la Procesión a la c/ Cardenal Landázuri. Allí escucharán marcar el paso al ritmo de **horquetas**, percibirán el **raseo** de los pies de los hermanos y, si lo desean, al paso del Nazareno por el Convento de las Clarisas Descalzas, escucharán los cantos de éstas desde su clausura (sobre las 10,30). Es extraño, pero en la grandiosa Procesión de los Pasos también hay silencios.

Deben saber que esta procesión hace descanso por lo que, a partir de las 10,45 y en los alrededores de la plaza de Santo Martino, verán miles de papones y familias desayunado *como mandan los cánones* en Viernes Santo: mucha tortilla de escabeche, mucho bacalao, torrijas y limonada fresca.

A partir de las 12 la procesión retoma su andadura para dejar magníficas estampas en la plaza de San Isidoro, calle del Cid, Ancha y, si quieren probar sensaciones fuertes, véanla en la Rúa (que a esas horas *se hace ruda*

como dijera el periodista *Lamparilla*). Allí, verán los últimos esfuerzos de los hermanos, percibirán los sonidos de las andas, olerán las flores de los tronos, temblarán con las marchas que se tocan —se les meterán hasta los tuétanos— y lo quieran o no, irán para su casa con la ropa oliendo a incienso pues los monaguillos, aunque parezca mentira, aun no se han cansado de atizar el **turiferario.**

A partir de las 14 horas y hasta las 16 (más o menos), se produce la recogida en Santa Nonia. Tampoco es mal momento para dejar un buen sabor de boca en ustedes que, sin embargo, será amargo en los papones que ven como todo se acaba… hasta el año que viene. *Carpe diem.*

Para la tarde, les telegrafío los consejos:

—De 15, 30 a 18.— Un merecido descanso. Quizás ni siquiera el papón coma demasiado porque la mayoría, tienen una cita inmediata a la 5 de la tarde, o con «sus Siete Palabras» o a las 6 con el «Entierro».

—18 horas.— Necesariamente hay que optar: o por ver la salida de la Siete Palabras con el Sermón (a las 17 h) o la del Santo Entierro.

—No debe perderse el piquete a caballo de las Siete Palabras y el orden y compostura de sus hermanos en procesión. Ni al titular de la Cofradía, el Cristo de los Balderas acompañado del resto de las Palabras. El Cristo de la Sangre (Sexta Palabra obra de Manuel Martín Nieto) va llorando. Busquen su triste lágrima. La recogida de la procesión es impactante (entrada por Legio VII).

—De 19 a 22 horas.— El Entierro enluta la ciudad antigua. No importa que sea año par (Angustias) o impar (Minerva). Ambas cofradías demuestran los muchos siglos que llevan de semana santa sobre sus hombros.

—Sobre las once de la noche, y en la plaza de San Isidoro, la Corporación Municipal pujará *unas **tiradinas*** a la Soledad de Angustias los pares; desde la Diputación, en San Marcelo, si es la de Minerva los impares. Lo viene haciendo desde el siglo XVI tal y como consta en el tratado de Políticas Ceremonias de la Ciudad de 1693. Así debe ser. Es un compromiso con la historia de la Semana Santa que, al fin y al cabo, es como decir con la historia de León.

—A partir de las 11 y hasta la 1 de la

madrugada.— Pueden verse, poco a poco la llegada de los pasos, sea a Santa Nonia (años pares) y a la plaza del Grano (impares) que quedaran cerradas y mudas –como dijera el poeta—. Los últimos esfuerzos de los braceros —que llegan justos— se verán recompensados con un *que sea enhorabuena,* un par de flores, un abrazo y un adiós, sólo hasta el año que viene.

—Los Entierros son un auténtico tratado de puja solemne. Los pasos nunca «se bailan», todos ellos se mecen dulcemente.

—Un curiosidad: El Santo Cristo (de Angustias) deberá bajarse al suelo 33 veces a lo largo del recorrido de la procesión de los años pares. Quienes pusieron los cables en la ciudad, ¿pensaban en alegorías con la edad en la que murió Cristo?

# SEÑORA...

¡Es Viernes Santo, Señora!
¡Regálame una mirada!

¿No ves que visto de luto
en recuerdo de tus lágrimas?

¿No ves que mi corazón
no puede latir con calma,
porque lo llevo rodeado
con ramas de olivo áureas?

¿No te das cuenta, Señora,
cuántos hermanos y hermanas
siguen tus pasos, despacio,
con la congoja en el alma?

Las lágrimas que, silentes,
van cayendo por tu cara,
convierten tu pecho herido
en tristeza que nos habla
con rumores centenarios
del que ha muerto en la mañana.

Vamos marcando el camino
por nuestras calles y plazas
compartiendo la tristeza
por sentirte abandonada.

«Los Atributos» nos abren
la procesión ensoñada
y entre inciensos y banderas
se apresura «La Lanzada»
a dejar que «El Santo Cristo»
entre claveles se vaya
con el Padre redentor,
muy despacio a su morada.

«Angustias» en su regazo
con tal ternura lo abraza,
que sus braceros, llorando,
entre raseos la llaman.

Ya «Camino del Sepulcro»
llevan a tu Hijo en volandas
y una madre, desconsuelo,
no se siente abandonada
pues los hombros que la llevan
son mujeres enlutadas
que la mecen, entre rosas,
entre azucenas y malvas,
y que no la dejan sola,
para no desconsolarla.

¡Ay Madre, no llores no,
permite a Cristo que yazga,
que es el único camino
que nos abre a la esperanza!
Y aunque en «La Urna» se encuentre,
el Cordero sin su alma
todos sabemos que pronto
regresará de la nada.

San Juan anuncia el camino
por esa noche estrellada
y entre redobles y sueños,
entre cornetas doradas,
entre lutos, y de noche,
soñando la madrugada,
te acercan con mucho mimo
tus braceros hacia casa
y allí te esperamos todos:
la tradición nos aguarda.

¡Es Viernes Santo, Señora!
¡Regálame tu mirada!

¡Dame tu mano preciosa,
quita el puñal que te mata!

¡Da cobijo a los papones
de mirada centenaria
que recuerdan día a día,
tu dolor esa semana,
y que se van para siempre
como una flor marchitada!

¡Es Viernes Santo, Señora!
¡Gracias! ¡Tengo tu mirada!

# SABADO SANTO

Estoy seguro que aun estarán escuchando tambores en sus cabezas. Y que recordarán los miles de personas que invadieron la calles ayer mismo. Estarán todavía evocando los treinta pasos que salieron el Viernes por la ciudad.

Es probable que, ante los momentos tan intensos vividos el Viernes Santo, no quieran más que quedarse con esos recuerdos y renieguen de ver más actos. Pero, desde mi punto de vista, se equivocarían si lo hicieran. Porque el Sábado Santo aún nos quiere regalar muchas emociones, alguna lágrima y seguro, más sonrisas de las habituales.

Este sábado, la siesta –a pesar del cansancio acumulado— no puede ser demasiado larga. La Cofradía del Desenclavo inicia su estación de penitencia principal a las cinco menos cuarto de la tarde. Su salida del Colegio Leonés –quizá poco estética por el lugar de partida— nos acercará muy pronto a Landázuri, frente a la Clarisas. Y si ayer, cantaron al paso del Nazareno, hoy cantarán una salve a María Santísima del Desconsuelo que, seguro, llevará una rosa en su mano izquierda como queriendo ofrecérsela a la ciudad y a esas hermanas del *ora et labora* que permanecen en el mismo lugar desde 1605. Es uno de los últimos momentos de silencios y de raseos…

Sobre las seis y cuarto de la tarde, la Puerta del Perdón isidoriana será el espléndido escenario donde se lleve a cabo el inmemorial acto del Desenclavo de Cristo. Porque esta cofradía lo que ha hecho con éste —y con muchos de sus gestos— es traer de la memoria lejana la semana santa del pasado. Ya en 1450 se celebraba este acto en la ciudad de León.

Allí, la Muy Ilustre, Real e Imperial Cofradía del Milagroso Pendón de San Isidoro (fechado en los albores del siglo XIV) esperará formada para presenciar el acto. La música nos hará vibrar con la introducción musical que interpreta convirtiendo esos momentos en, pura emoción y anhelo.

Mientras los hermanos desenclavadores bajan a Cristo muerto de la Cruz, las

hermanas que portan a la Virgen del Desconsuelo, cantarán, a la leonesa, *La Adoración de las llagas* con manifiesto soniquete nasal y leonés. Saboreen esos momentos en completo silencio. Estoy seguro que quedarán impresionados. El crucificado (del leonés Manuel López Becker), se convertirá en yacente; una Piedad, se incorporará al cortejo bajo la cruz vacía; las bandas, tras el acto, volverán a marcar el ritmo de procesión; todos, quedaremos asombrados. León, el Sábado Santo quiere ser hermano del Desenclavo.

Con Cristo muerto, es imposible que La Soledad se quede en su casa. Los hermanos de Jesús Divino Obrero, con el cariño

de siempre, nos la acercarán por nuestras calles. Las queridas «Tres Marías» no pueden faltar a la cita sabatina. Su subida a la Catedral, o su paso por Plegaria nos asombrarán. Allí hará una ofrenda floral en la capilla del Cristo de Afuera (sobre las 21,30). Esa tarde el blanco y el morado de los hermanos del Ejido nos estarán convocando —sin mediar palabra— para que acudamos a su acto principal en la mañana del Domingo. Así será. Seguro. Prometeremos no faltar a la cita con la resurrección.

Pero no acaba ahí la jornada. Al fin y al cabo, al tercer día resucitó. Por eso los hermanos de la Cofradía del Santo Sepulcro-Esperanza de la Vida, nos llevan el agua y el

fuego. Nos anuncian el misterio de la resurrección. Nos acercarán a la celebración de la Vigilia Pascual. Nos mostrarán a un Cristo a punto de resucitar y a otro —que al fin y al cabo es el mismo— descendiendo a los infiernos como nos dice el *Credo de los Apóstoles*. A su paso por San Martín (20 h.), por las Concepciones —las madres que acogen al Santo Cristo Esperanza de la Vida durante el año— (21,15h ) y por San Marcelo (22 h.), su Maestre irá entregando el fuego que alumbrará la oscuridad, que convertirá las tinieblas en luz. A buen seguro, su paso por Teatro o Rua merecerá la pena. No lo duden. A las 23 horas se suman a la Vigilia Pascual que se celebra en nuestra Catedral.

En fin. Otro Sábado Santo. Otro día en el que las bandas han marcado nuestros pasos. En el que el incienso ha aromado las calles y también, por qué no decirlo, un día triste —en sentido figurado— para muchos. La Semana Santa se está desvaneciendo. La gran celebración primaveral de León se nos ha ido casi de las manos, como el agua, como el humo que causa el fuego. Un fuego –que hemos sentido en el corazón a lo largo de nueve días— que no podrá apagarse nunca con agua. Los hermanos del Santo Sepulcro están evocando el fin, y por supuesto, el principio.

Así debe ser, al fin y al cabo.

# DOMINGO DE RESURRECCIÓN

Cuando el día pierde su nombre, a las cero horas, en esa madrugada del domingo, parte de la basílica isidoriana el Via Lucis con Jesús de la Esperanza. Cristo está a punto de resucitar…

Con su final, ya tienen permiso para acostarse.

Es probable que muchos remoloneen en sus camas. Los más, por cansancio acumulado; otros porque sueñan con que el reloj se detenga. Solo cuando vuelvan a la realidad, se levantarán y pensarán para sí lo poco que ha durado esta semana de diez días. Las muchas emociones que han sentido a ritmo de marcha se han escapado hacia el cielo como el incienso, tan rápido como lo harán las palo-

mas que anunciarán la resurrección de Cristo esa misma mañana.

Los hermanos de Jesús Divino Obrero –quién lo diría cuando llevan ya dos procesiones a sus espaldas y muchas horas robadas al sueño — levantan su barrio a las 8, 30 de la mañana –algunos mucho antes—. Los alrededores de la Iglesia que da nombre a la Cofradía, se llenan de túnicas blancas, de

capirotes morados, de hermanos de las Siete Palabras y Santa Marta que los acompañan y de todas las bandas invitadas al último cortejo de la semana. Hay mucha cara de cansancio, acaso de ansiedad y, a pesar de todo, se escapan muchas sonrisas. A las nueve menos cuarto, el Resucitado emboca por la calle dedicada a su escultor para dirigirse hacia la plaza Mayor y más tarde a la de Regla. Las calles casi vacías a esa hora, nos convocan a ver un recorrido distinto, en silencio, contando los minutos que nos llevarán hacia la resurrección. Los amantes de la fotografía tienen unos

vistosos planos. Se lo aseguro. Viajarán solos por una ciudad callada, silenciosa, como si no quisiera despertar –de momento— al que enseguida resucitará.

Los otros, una Cruz vacía (*de la Esperanza*), San Juan y las «Tres Marías», con fuerte ritmo de tambor y el magnífico y magistral acompañamiento de la Agrupación Musical de la Cofradía del Dulce Nombre de Jesús Nazareno, se acercarán sin embargo hacia la Seo por San Pedro. También estos hermanos respiran con ansiedad bajo sus capillos.

Y aunque falte muy poco para el Encuentro, la procesión parece caminar a un ritmo más lento del habitual, como remoloneando.

A las diez en punto de la mañana (minuto arriba o abajo) todos formarán en la de Regla. Hermanos de las Siete Palabras, de Jesús, de Santa Marta y de la Hermandad que organiza el cortejo, observan en silencio cómo un hermano de blanco y morado, subido al trono de La Soledad, cambia el luto de la Madre por el blanco. Mientras, un orador irá desgranando un pregón que sabe a tristeza: no hay papón que no sepa que esas palabras serán casi el final de la Semana. Pero la historia no puede quedar ahí. Cuando se pronuncien las palabras «Cristo ha resucitado. ¡Aleluya!», el cielo se llenará de palomas, los capirotes y capillos desaparecerán de las cabezas, la banda de Jesús Divino Obrero— hoy Agrupación— tocará la parte final del Himno a la Alegría y todos los pasos se mecerán a ritmo de los tambores encalabrinados.

Tras la misa pontifical, a las 12, 30 horas, la última procesión de la Semana, se acerca a su final. Lentamente, resonando las baquetas de Jesús Divino Obrero como si de castañuelas se tratara, nos acercarán a San Isidoro (donde una última «salve» despedirá a la Madre), a San Marcelo a la Ancha –donde la procesión se llena de sonrisas y saludos— y muy pronto, hacia su casa de El Ejido.

Allí, entre sonrisas y lágrimas, la semana santa se habrá esfumado sin remedio.

Nosotros empezaremos a soñar. Es gratis y nadie –de momento— ha dicho que esté prohibido…

# Sueños

Hoy me he puesto la mantilla.
Me he abrigado en mis recuerdos
con el rosario en la mano.
¡Dejad que cuente mis sueños!

Soñé que una Morenica
me miraba en calle Herreros
cuando la calle vacía
estaba rota en silencios…

Soñé con Cristo prendido
mecido por costaleros
al ritmo de la Victoria
pero solo fueron sueños…

Soñé con un redentor
en una capilla expuesto
mientras de noche, en San Claudio,
se veneraba a un moreno.

Madrugué de madrugada
por ver ramos hacia el cielo
cuando Cristo en un borrico
entraba por San Marcelo.

Y en mis sueños atisbé
un Gran Poder sempiterno
que al abrigo de su Madre
por Carreras sube lento…

Soñé un Dainos pequeñín
entre rosarios eternos
escoltado por los mozos
de serio y adusto gesto
que portaban una Cruz
y que al llegar a su encuentro
con la Virgen de las Lágrimas
su cielo lloró en silencio.

Soñé una puerta cerrada
abierta a golpes certeros
e imaginé una salida
con Jesús del Prendimiento
por una cuesta teñida
de colores rojo y negro.

Me ensoñé con largas filas
de papones muy pequeños
que seguían a dos Madres
y a un silente Nazareno
entronado en San Gonzalo
con sus pábilos ardiendo.

Al dar la vuelta en la cama
por calles que no recuerdo
escuché marchas solemnes
que una Cena iba tañendo
al compás de Santa Marta
que iba rezando por dentro.
Y seguí soñado más.
Y escuche al Grupo San Pedro
adorando cinco llagas

que al abrigo de los cielos
nos acercaban estrellas
que iluminaban el suelo.

Soñé con que la ciudad
perdonaba a un pobre reo
entre faroles de tren
acompañados por presos.
Mientras tanto, en Santa Nonia
tres Madres tristes y en duelo
caminaban por las calles
mientras sonó Costalero.

Y me acerque a San Francisco
y soñé cantos eternos
en una iglesia repleta.

Seguí soñando en mis sueños
y vi a un Cristo caminando
maniatado y muy moreno
con destempladas cadencias.
La ciudad enmudecía
escuchando recios credos
mientras soñaba y sonaban
las Saetas del Silencio.

Y soñé en Santa Marina
a un Cristo con un madero
que se acercaba a la Ancha
por ver si en algún requiebro
atisbaba una Paloma
con sus manos en el pecho.

Y soñé la poesía
que entre antorchas y silencios
rompe una noche de estrellas
que lloran en San Marcelo
cuando el Señor de Balderas
entre rezos y entre miedos
escucha la Madrugá
antes de volver al templo.
Soñé un jueves de esplendor
con pasos hacia los cielos
dando sermones amables
en la plaza de los vientos.
Y casi me desperté
al ver jinetes al vuelo
que con pergamino en mano
recitaban sus recuerdos
de un Cristo que al día siguiente
será blanco, rojo y negro.

Y soñé con una Madre
que late en verde su centro
rodeada de mujeres
que sueñan con el consuelo
de que ese jueves de amor
van soñando y van meciendo
a la Madre del Señor.

A la vera del Gran Templo
una Virgen de los Reyes
está llorado con miedo
pues sabe que en esa noche
a su hijo ponen precio
y le va diciendo adiós.

Bajo el antiguo Correos
se bendice lento un pan
que en la mano del Maestro
se convierte en una Cena
que enamora a quienes miran
por esas calles del centro
que se arraciman mirando
que se agolpan sonriendo
ante una Semana Santa
que imagino en cada sueño.

Y seguí soñando sola.

Vi a unas Injurias meciendo
treinta monedas inicuas
cual puñales que se fueron
a clavarse en esa Madre
que lleva roto su pecho.

A las 12 de la noche
seguí soñando en mi sueño
por mucho que una voz clara
y una corneta hacia el cielo
me inquiría a levantarme
para asistir al Encuentro.
Entre vueltas en la cama
vi salir al Nazareno
escoltado por León.

Y escuché Siete Palabras

Y entre lutos fui al Entierro

Y seguí soñando sola
con túnicas, con silencios,
con hermanos enlutados,
con hombros juntos en duelos,
con monaguillos sonrientes
con manolas, con recuerdos
con la puerta del Perdón
y hermanos que van subiendo
en un trono leonés,
desenclavando al Cordero.

Y soñé una Soledad
por una cuesta subiendo.
Y vi unas capas albinas
que transportan agua y fuego
caminando hacia una luz
que la ofrece un Hombre Nuevo.

Soñé un domingo radiante
-seguí soñando en mi sueño—.
Vi un trono majestuoso
con un romano durmiendo
y en lo alto de ese trono
Cristo salía a los cielos,
rodeado de palomas
que aleluyas van diciendo
y de pronto desperté
de este largo y bello sueño…

La ciudad estaba sola.
La ciudad siguió durmiendo.
La ciudad quiso soñar.
Y yo estuve en ese sueño…

# VERBA VOLANT, SCRIPTA MANENT

Modismos, palabras, sentimientos… tradición. Sin causa aparente ni orden lógico, nacido al amparo de filandones paponiles, el devenir semanasantero leonés ha ido acuñando, paso a paso, tiempo a tiempo, una suerte de jerga cofradera plasmada en términos y acepciones que han acabado por convertirse en coloquiales... una semana al año.

Cada primavera los papones refrescan su memoria, y la de sus oyentes, para que la secular jerga no se diluya en la nebulosa del olvido.

Sólo el uso mantendrá la supervivencia.

Dialoguemos «en papón» y, a la vez, agradezcamos a quienes, con su inestimable aportación de ideas y modismos, vienen colaborando de forma anónima en el glosario que a continuación se detalla...

# Palabra de papón

**JAVIER FERNÁNDEZ ZARDÓN**

**Palabra de papón**

**170** • León: paso a paso

**Abad / Abadesa:** Máximo responsable de cada cofradía. En alguna de ellas puede tomar nombres distintos (Presidente, Maestre, Mayordomo, Hermano Mayor...).

**Papón:** Cofrade. Término de incierto origen, exclusivamente acuñado y utilizado en León.

**Paso:** Representación en imágenes de la Pasión.

**Pujar:** Llevar el Paso a hombros de los propios papones, que reciben entonces el nombre de **braceros /braceras**.

**Bracero / Bracera:** Papón que puja el Paso. Titulares y suplentes en una tradición que antaño pasaba de padres a hijos y que hoy, se intenta, guarde escrupuloso orden de lista, tal como indica la norma.

**Seise:** Responsable de cada Paso. (No pujan, aunque suelen o pueden hacerlo ocasionalmente en algún trecho de la procesión; bien por promesa o por el «gusanillo»).

**Bracero Mayor:** Segundo del Seise en cada Paso. (Sí puja). En algunas cofradías, junto con ésta, existe también la figura de **Secretario del Paso**, habida cuenta la gran cantidad de papones que lo pujan.

**Llevar el paso:** Todos los braceros al unísono.

**Perder el paso:** Desacompasarse los braceros de una u otra vara para poder girar en las vueltas o en las esquinas. En los pasos de gran envergadura incluso hay que recular para abocarlos a la esquina (esta acción no es del agrado de los braceros más clásicos, que hasta la tienen por «deshonrosa»).

**Pisar:** Al bracero o braceros más cercanos, por bisoñez o impericia en la puja (**¡paso corto!**, voz que se dan entre sí los braceros cuando «arrecian» los pisotones).

**Pujar de tacón («clavar» los tacones):** Acción que utilizan los braceros en las bajadas para retener el paso, evitando así una puja demasiado rápida y desacompasada.

**Pujar contra el televisor:** Dícese de pujar en la parte central trasera de las andas del paso, justo «contra» la cartola y con la cara materialmente pegada a la madera, sin ver más que «el televisor». Así llamado por, generalmente, alguna de las planchas cuadradas o rectangulares que, representando escenas bíblicas o relativas a la Pasión, suelen componer la decoración de las cartolas. En los pasos de manto, hay incluso braceros —y braceras— que pujan prácticamente tapados por éste (**pujar al abrigo del manto**, se dice entonces).

**Pujar de salón:** Fantasía, generalmente practicada en la barra del bar, bien regada con limonada y al paso de alguna procesión, en la que se narran, exagerada y falsamente, notables hazañas de puja protagonizadas por el narrador en primera persona. Su reducida parroquia que, habitualmente, ostenta idéntica condición, asiente incrédula pronunciando el consabido… *«Que sea enhorabuena, pon otra ronda».*

**El pollero: (pujar debajo...)** Sitio de puja situado bajo el armazón de metal o cuerda tensada que, ahuecándolo, da volumen a la cola del manto de las Vírgenes.

> **Déjame una tiradina:**
> Solicitud entre papones para «meter el hombro» en un determinado paso del que no suele ser bracero quien lo solicita (se llama **«tiradina»** a la puja entre dos paradas).

**Bailar el Paso:** Mecerlo al son de la música de las marchas procesionales.

**Mecer el Paso:** Bailar más suave y muy acompasado. Se emplea sobre todo en las vírgenes (Dolorosa, Soledad) para que no se deteriore el palio y se acentúe la majestuosidad de su procesionar.

**Rasear:** Deslizar suavemente las suelas de los zapatos sobre el pavimento, produciendo un inequívoco y monocorde sonido, totalmente acompasado, que tienen a gala los braceros.

**Marchas:** Las melodías que interpretan las bandas de cornetas, tambores y timbales, agrupaciones musicales y bandas de palio, en el acompañamiento del Paso.

**Bandas:** De cornetas y tambores y, desde hace algunos años, también agrupaciones musicales convertidas en auténticas «sinfónicas» por la profusión de instrumentos y la calidad de sus interpretaciones. Generalmente suelen estar formadas por los propios papones de las cofradías.

**Bordones:** Hilos de seda recubiertos de cobre (antiguamente de tripa), atravesados diametralmente en el parche inferior, que sirven para templar el tambor y proporcionarle un sonido consistente.

**Galas:** Conjunto de adornos, trenzados en pasamanería y tela bordada, que lucen las túnicas e instrumentos musicales de los integrantes de las bandas. Suelen confeccionarse en los colores representativos de la cofradía.

**Rufar:**
Continuo y cadencioso redoble que efectúa el jefe de tambores (cabo de tambores) para que la percusión —y los braceros— no pierdan el ritmo.

**Marcar (las marchas):** Indicar la marcha que se tocará seguidamente, mediante la breve emisión del sonido más representativo de la misma, para que se preparen los metales. Es, generalmente, el jefe de la banda quien se encarga de «**marcar**».

**Picar (las notas):** Diferenciar y resaltar las notas

mediante un golpe de viento o un cortísimo silencio.

**Raun:** Golpe de tambor, que no llega a ser un redoble y que podría representarse, en la partitura, por un tresillo de corcheas. (*Mús.* Tresillo: conjunto de tres notas iguales, tocadas en el tiempo correspondiente a dos de ellas. Corchea: octava parte del compasillo).

**Pasar a palillera:** Cambiar, sobre el parche del tambor, el golpe de baquetas a la caja china (*pieza de madera* situada en el extremo superior de la circunferencia que sujeta el parche) con lo que se produce un sonido más tenue. Es tradición **tocar en palillera** cuando las bandas procesionan, entre otras, por la calle Cardenal Landázuri (antigua Canóniga Vieja) para no perturbar a los enfermos de la Obra Hospitalaria Ntra. Sra. de Regla y también para no «tapar» el raseo de los braceros en ese y otros enclaves típicos.

**Andas:** Sitio de puja de los braceros.

**Brazo:** Lugar específico de cada bracero en las andas, que puede variar (la eterna lucha del Seise) en función de la necesidad de «igualar». Se dice **«tener brazo»** a ser titular de un Paso.

**Igualar:** Colocar a los braceros por orden de estatura en los sitios de puja. Se consigue así («casi nunca») que el Paso vaya más acompasado y resulte más fácil de llevar. Los Crucificados suelen ir «levantados» de la parte delantera, con los braceros más altos en ese sitio y viceversa para los demás pasos. Aunque esta es una norma no escrita que cada Seise o Junta de Seises interpreta o cambia a conveniencia de cada situación particular.

**Parrilla:** Andas (generalmente metálicas) sobre las que se asienta el trono del Paso. En sentido figurado los braceros las llaman **varas**.

**Almohadilla:** Protección esponjosa entre el hombro del bracero y las andas del Paso; antaño de esparto y hoy de gomaespuma. Van forradas de terciopelo, en la tonalidad predominante del emblema o túnica de la cofradía, y suelen llevar bordados el signo particular de cada Paso o el general de la cofradía. (*)

**Matrícula:** (de reciente creación, Cofradía Dulce Nombre de Jesús Nazareno) Identificación del paso mediante un adminículo de tela bordada en pasamanería, con bordados arabescos, que «tapiza» el yunque del llamador.

**Horqueta:** La utilizan los braceros para apoyarse, marcar y acompasar el ritmo del Paso y, antiguamente, sostener éste en las paradas.

**Tentemozo:** Barras metálicas móviles situadas en las cuatro esquinas interiores de la parrilla que sirven para sostener el Paso en las paradas. «**Sacar**» o «**Meter**» los tentemozos son voces que se dan entre si los braceros.

**Ir a la cadena:** Dícese de los braceros (hombre o mujer) que pujan en las esquinas de los tronos, encargados de descolgar los tentemozos en las paradas y volver a recogerlos en las «arrancadas», en referencia a la *cadenina* que los sujeta para que no se rompan. Antaño esta función se realizaba cruzando dos horquetas, operación nada fácil en ocasiones. Hoy, como ayer, esos braceros deben estar muy atentos para no fallar en la maniobra perjudicando a los demás hermanos de puja o, incluso, deteriorando los tentemozos. Nada hay más desalentador que romper un tentemozo en plena procesión.

**Ir doblado («de rodillas»):** Expresión coloquial interna referida al cansancio que hace mella en los braceros cuando se acumulan las horas de procesión o cuando el Paso no va bien igualado. (*) «Arriba, hermanos; que vamos de rodillas». «¡Meted ese hombro!», son frases que (preferiblemente lo menos posible) pueden escucharse entre las varas de la parrilla.

**Tocar:** Golpear el anda para que los braceros suban o bajen —al unísono— el Paso en las paradas. Puede hacerse con la horqueta o con otro tipo de adminículo («**llamador**»); algunos pasos llevan montadas en las andas ampulosas campanas para tal fin.

**Trono:** Parte elevada del Paso en la que van fijadas las figuras.

**Estuco:** Recubrimiento en yeso (masa de yeso blanco y agua de cola) de las figuras de los pasos, para después dorarlas o pintarlas.

**Cartolas:** Adornos en madera (adrales hechos de tablas) que cubren los laterales de los tronos.

**Cordobán:** Forma de repujado en cuero (piel curtida de macho cabrío o de cabra) que se utiliza para la confección de los tornos en algunos pasos.

**Peinetas:** Remates en las partes superiores de los palios de los pasos.

**Sayones:** Forma, generalmente burlesca, de denominar e interpretar las figuras que representan a los maltratadores de Cristo (verdugos que ejecutaban las penas a las que eran condenados los reos).

**Túnica:** Vestido de los papones.

**Emblema:** Símbolo de Cofradía; iconográfica representación, primorosamente bordada, que papones y paponas portan en la túnica... y en *su corazón*.

> **Cíngulo:**
> Cordón que, a modo de cinturón, ciñe la túnica a la cintura.

**Capillo:** Prenda de cabeza (puede ser alto o bajo).

**Puñetas:** Puños, bocamangas postizas, habitualmente de terciopelo y generosas dimensiones, que llevan adosadas las túnicas de algunas cofradías y en diversos colores distintivos de cada agrupación. (*) Como quiera que muchos de los papones leoneses pertenecen a una o más cofradías, las **puñetas** se montan y desmontan según convenga.

**Hermanos de luz:** Papones de filas portadores de hachones, velas, farolillos o faroles (según cada cofradía) que forman y acompañan en el cortejo procesional. Figura muy habitual en las procesiones de los siglos XVI y XVII.

**«Hno. Encendedor» (sinónimo, inasequible al desaliento):** Papón que, atento a cualquier incidencia ventosa —habitual en los cortejos vespertinos— se encarga de encender, una y otra vez, los cirios y velones que se montan en los pasos y suelen apagarse con irritante asiduidad durante la procesión. Aplícase a otros espontáneos papones que se ocupan de **«prender»** los carboncillos de los incensarios y las velas de los faroles que abren carrera por delante de cada Paso.

**«Hno. Bolardero» (avisador-señalizador):** Figura de reciente creación. Papón, generalmente libre de puja o suplente, encargado de avisar, y señalizar situándose «allí», la localización de los bolardos que delimitan —o delimitaban— las zonas peatonales del Casco Antiguo, cuidando de que ningún bracero tropiece en ellos, con el consiguiente peligro para su integridad física y la de todo el conjunto procesional. Muchas veces, espectadores y papones de fila, ayudan singularmente en la tarea.

**«Hno. Carpeta» (cartapacio, legajo, vade):** Papón, generalmente bracero, encargado de guardar celosamente durante la procesión los documentos relativos al Paso (lista de braceros y suplentes, alta y bajas, horarios del cortejo, incidencias varias…) y siempre a disposición del Seise o del Bracero Mayor. **«Déjame ver la lista, hermano»**; frase, habitualmente *«denostada»*, con la que algunos integrantes del Paso se dirigen al citado hermano, y que él *'remitirá inexorablemente'* a… *'quién corresponda'*.

**«Hno. Calderín» (acetre).** Portador del acetre, caldero pequeño —con hisopo— donde se lleva al agua bendita para las aspersiones litúrgicas.

**Ensayo de pasillo:** Referido a «paponines», incluso

a papones adultos, que después de ver una procesión imitan por el pasillo de casa lo visto —y vivido— en la calle. Puede aplicárseles a quienes —papones o no—, al escuchar un acorde semanasantero en cualquier época del año, «se les van los pies».

**Estampita (recordatorio de procesión):** Profusamente demandada por braceros y papones de fila, incluso espectadores, como recuerdo procesional. *«Recuerdo de la asistencia a la Procesión de…»*, que cada papón y papona guardan celosamente —todo el año… y venideros— en sus carteras, vitrinas y **«caja de procesión»** (arca, arqueta, cofre, estuche… donde se atesoran evocaciones semanasanteras). Suelen representar la imagen «Titular» de cada Cofradía o también del Paso que cumpla algún aniversario ese año. *«Hno. Estampita»*, dícese del encargado de repartirlas durante la procesión, término cada vez más asentado en la Semana Santa Leonesa.

**Papones de acera:**
Término de reciente acuñación que hace referencia a cuantas personas que, sin pertenecer a cofradía alguna, gustan de seguir los desfiles procesionales en un punto concreto del recorrido (casi siempre el mismo) y sin desplazarse como los atajadores, aunque con semejante interés.

**La pollada (cuidar de):** «Paponines» al cuidado de papones veteranos, por lo general familiares (abuelos, madres, padres…), que los custodian durante la procesión. No es rara la entrañable imagen de «paponines» materialmente aferrados al cíngulo de papones grandes (incluso de braceros pujando) para no perderse en las filas; como también ciertas «consultas», tan quedas como inevitables... *«¿vas cansado?, ¿te haces pis, quieres salir?; de aquí no te muevas, ¿ves este paso?, pues aquí siempre»*...; auténtica «escuela paponil» para quienes, con los años, tomarán el relevo de sus mayores.

**Atajadores:** Conocedores. Aplícase a quienes cortan y «recortan» por calles aledañas al recorrido de la procesión para verla varias veces. (*) Hay que tener la ciudad muy al dedillo para obtener buenos resultados. Se dice **buscar** o **encontrar** la procesión a verla en alguno de sus punto emblemáticos **(vamos al encuentro de la procesión...)**.

**Hacer calle:** Esperar la procesión, «marcando» el recorrido donde no hay aceras. El público delimitará así la carrera del cortejo.

**Cronistas de acera:** Dícese de quienes «ven», y saben contarlo en clave de *crónica costumbrista*, cuanto acontece en los desfiles procesionales a pie de calle, con el ojo del conocedor, desde la emoción del sentimiento y sin importunar el discurrir de los cortejos. (*) Actualmente, suelen reflejar sus trabajos en diversas publicaciones escritas o digitales (revistas de cofradías, páginas web, foros cofraderos...).

**Corte de capillo (relativo al cabello):** Corte de pelo (a veces drástico) que gustan de realizarse cada vez más papones, sobre todo paponas, para evitar que la excesiva longitud de sus cabellos moleste con el capillo, que se llevará **bajado** durante muchas horas. (*) **«Capillos abajo»**; voz de mando, generalmente lanzada por los Seises al inicio de la procesión, para que se **cubran** los braceros y papones en general. (*) Las braceras y paponas más exigentes con las formas, gustan también de **recogerse** el cabello en cola o coleta, en lugar de cortárselo.

**Tentempié del Abad:** En una regla no escrita, por

mucho que rece en algún «Libro del Encargo», invitación de abades, abadesas y mayordomos a un *tentempié* de media mañana al equipo de montaje de su cofradía, en «obligada» (y esperada) parada para que los hermanos montadores repongan fuerzas y renueven ánimos en la preparación de los pasos para la procesión. Empanada de bonito, sardinillas en aceite, escabeche de tino y limonada suelen ser las viandas más consumidas.

**Pinchaflores:**
Papones del equipo de montaje de las cofradías encargados de pinchar los adornos florales en esponjas humedecidas, que posteriormente se colocarán en los tronos de los pasos, para que mantengan su frescura durante toda la procesión.
(*) En tono jocoso aplicase al bisoño ayudante o aprendiz de montador.

**Andancio de papón (coloquial, desazón):** Dícese del «bajón» que acusan paponas y papones en la tarde del Domingo de Resurrección. Al cansancio de la puja se añaden las calles silenciosas, sin el bullicio semasantero ni los redobles de las bandas; con el trajín de la recogida de tronos y enseres como telón de fondo; todo un año por delante... todavía, para volver a disfrutar de La Semana. (RAE, enfermedad epidémica leve).

**¡A hombro!:** Voz de mando para poner el Paso en tal situación y procesionar.

**¡A brazo!:** Voz de mando para poner el Paso en tal situación, sosteniendo «a pulso» las andas con los antebrazos.

**¡Al suelo!:** Voz de mando para «posar» el Paso o rodarlo con las pequeñas ruedecillas (**¡a rueda!**) suplementarias que van en los tentemozos. Se utiliza para poder «librar» los dinteles de las puertas de iglesias y capillas en la salida y posterior entrada de la procesión.

**Junta de Seises:** Los responsables de las cofradías organizados para la toma de decisiones al mando de abades y abadesas.

**Abogador (muñidor):** Criado de cofradía, papón que se encarga de aguardar y tener a punto el patrimonio y adminículos (insignias, varas de abad y seises, incensarios, guiones, pendonetas...) para las procesiones y demás actos que celebre la cofradía.

**Libro del Encargo:** Anotaciones (nunca vistas e incluso de tradición oral) que pueden considerarse como la interpretación práctica de los **estatutos (la regla)** oficiales por los que se rige la cofradía. Se refleja en él la «logística» de actos paralelos a los puramente procesionales o litúrgicos (juntas de seises, reuniones cofraderas tradicionales...).

> **Carta de pago:**
> Justificante de ingreso en la cofradía (nombre del papón, fecha de alta, cantidad abonada y «una vela de cera blanca»... son algunas de las anotaciones que allí aparecen).

**Junta Mayor:** Los abades y abadesas de cada cofradía organizados, y con un representante episcopal, para la toma de decisiones generales de la Semana Santa.

**Ronda:** Exclusivamente en la Cofradía del Dulce Nombre de Jesús Nazareno (1611); declarada, como la procesión de «Los Pasos», de Interés Turístico Internacional. En la noche y madrugada del Jueves al Viernes Santo recorre las calles de la ciudad llamando a los papones a la procesión. Esquila, clarín, tambor (destemplado) y voz: «Levantaos hermanitos de Jesús, que ya es hora».

**La Rampa:**
(*rampla*, en leonés). Del fr. *rampe*, trepar, plano inclinado dispuesto para subir o bajar por él (RAE). Listones de madera que se colocaban hasta 2011, cuando se sustituyeron por una obra de fábrica, desde la plaza de Las Palomas y la embocadura de la calle Teatro («La Dolorosa») para que los pasos de los cortejos procesionales salvasen el obstáculo del par de peldaños antaño allí existentes. (*)
La colocación de la rampla, por parte de los empleados municipales aproximadamente una semana antes del Viernes de Dolores, se ha considerado siempre por los papones leoneses como el inicio «oficioso» de la Semana Santa.

**«La ronda del cable» (revisión del recorrido procesional):** Dícese, en jerga paponil, al reconocimiento que días antes de Semana Santa efectúan, cinta métrica en mano, el seise, el bracero mayor y algunos braceros de cada paso por el recorrido oficial de la procesión a la búsqueda de enclaves conflictivos (estrechamientos, andamios, obras en edificios o en la calzada, letreros, escaparates...) a fin de conocer de primera mano las dificultades y su mejor forma de solventarlas el día de la procesión. Aunque cada vez menos, en las angostas calles del histórico trazado capitalino quedan aún tendidos eléctricos al aire («el cable») que presentan, por su escasa altura, una dificultad añadida para los pasos que portan a Cristo crucificado; los braceros tendrán entonces que inclinarlos, bajarlos a brazo, incluso a rueda en ocasiones, o, lo más habitual, confiar en la pericia del **«Hno. Pertiguero»** quien provisto de una larga horqueta (pértiga) levantará y sujetará el cable, permitiendo así salvar la altura de la Cruz.

**Rodapelo o Redopelo:** (cardar a contrapelo; vilipendiar, en sentido figurado). Antiquísima e inicial denominación que recibía el paso «El Expolio» (popularmente conocido hoy como «El Torero» y también antaño como «El Silencio») cuando el entonces abad de la Cofradía del Dulce Nombre de Jesús Nazareno —a la que pertenece la imagen—, Marcos Anguiano, concretó (30 de noviembre de 1674) con el imaginero Francisco Díez de Tudanca la realización de un despojado: *«Cristo de Nuestro Bien [...] las llagas de hombros y espalda, codos y rodillas muy llagadas [...] y como si se le arrancara el pillejo»...* (sic «La Cofradía de Jesús: Cuatrocientos años de pasión», Jorge Revenga).

(*) En la procesión de «Los Pasos», organizada por la Cofradía del Dulce Nombre de Jesús Nazareno en la mañana del Viernes Santo; las letras **«S»**, **«P»**, **«Q»** y **«R»** (por *Senatus Populusque Romanus*; Senado y Pueblo de Roma) van bordadas en las almohadillas de los pasos: Prendimiento, Flagelación, Coronación y Ecce Homo. Las almohadillas de La Oración del Huerto (primer paso) llevan bordado *JHS* (por *Jesús Hombre Salvador*) y en las del titular, Jesús Nazareno, el emblema de la cofradía. Las almohadillas de los demás pasos, llevan la inicial o acrónimo de su advocación. En las restantes cofradías el tratamiento es similar y tan diverso, que sería prolijo enumerar en cada caso.

## Utensilios:

Aunque cada cofradía observa sus particulares ritos, inspirados en los históricos de la Pasión y como, a la par, la ampulosidad de las actuales procesiones han hecho suyos algunos que no lo son tanto, se hace casi imposible detallar los adminículos de cada una. No obstante, sí que, lejos de excéntricas modernidades, se mantienen elementos esenciales que se han conservado —y conservan— a lo largo de los siglos...

**Incensario:** Pequeño brasero (más o menos repujado) con cadenillas y tapa, que sirve para incensar... «calvario» de monaguillos (a quienes se les apaga continuamente), papones («atufados» por su humareda) y encendedores, que no dan abasto a prender los **carboncillos** cuyas chispas resultan ser enemigas acérrimas de túnicas, capas y primorosas mantillas de las **Manolas** que se aventuran en derredor. (*) *'Humo de papón'*, acepción apócrifa del incienso, acuñada por las nuevas generaciones de *paponines et paponinas*.

**Naveta:** Recipiente, generalmente en forma de navecilla, que sirve para guardar el incienso que se utiliza en los incensarios... cuya cucharilla muestra una exasperante propensión a perderse constantemente.

**Muceta:** Esclavina («babero») que cubre el pecho y la espalda, y que, abotonada por delante, usan como señal de su dignidad prelados, licenciados, ciertos eclesiásticos... y monaguillos en ampuloso remate de sus ropajes procesionales. Generalmente de seda, las **mucetas** que lucen los monaguillos en la procesión de «Los Pasos» (figura rescatada hace unos años por la cofradía del Dulce Nombre) son de terciopelo color morado, con el emblema de la cofradía bordado en su centro.

**Polea:** Cierre de oro del cuello de la camisa del antiguo Jesús (figura anónima, hacia 1759) del también antiguo paso «Oración del Huerto» que conserva, celosamente guardada desde hace décadas, la Cofradía del Dulce Nombre de Jesús Nazareno en una caja de cerillas de la II República y que pasa a custodiar anualmente el Abad de turno, junto con los demás atributos de su cargo (insignia, vara de mando, llaves de las dependencias de la cofradía... y una curiosa polvera femenina, réplica de las que se usaban a principios del XIX para esconder ejemplares de «La Pepa»).

## Y otras lúdicas acepciones...

En el mero divertimento recopilatorio, brillan con luz propia otros términos que, no por menos *cultos* (si es que alguno de los anteriores lo es) o más *paganos* (la Semana bien que también lo es en algunas de sus manifestaciones), dejan de tener su sitio. Allá vamos...

**Limonada (de limón):** Bebida compuesta de agua, azúcar y zumo de limón. // de vino, sangría (nunca se le ocurra pedirla así por estos nuestros pagos), bebida de agua de limón y vino tinto. // Purgante, citrato de magnesia disuelto en agua con azúcar. // **Seca.** Polvos de ácido cítrico y azúcar, con que se puede preparar una limonada (?) disolviéndolos en agua.

Y ahí estamos; en lo de los polvos... que luego vienen esos lodos: «clavos» como tambores y estomacales «ardores» que ponen a uno los pelos de punta. Así que, ya ven, hasta el Diccionario de la Lengua (el de la Real Academia) avisa de los peligros de «esa» limonada... de sus mezclas y mezcolanzas, como bien saben los penitentes de tabernas, tabernuchos y figones de medio pelo.

«En la mezcla está el peligro»... como dijo alguien. Que lo de **matar judíos** (beber limonadas en Semana Santa, al más puro estilo *Legionensis*) es costumbre, tanto más sana... cuanto más lo sea el «brebaje». Sucesor, por línea directa, de aquel *«vino aloque»* cuyos orígenes, al decir de los estudiosos, se datan allá por el XVII. La escrupulosa norma —no escrita—, «manda» consumirla exclusivamente desde el Viernes de Dolores (a la salida de *'La Morenica'*) y hasta el Domingo de Resurrección (admítese Lunes de Pascua); todo lo demás, a fuer de glotón desatino, conviértese en malsana —por *'sacrílega'*— costumbre, sólo propia de quienes buscan en la oferta el crematístico engorde de su bolsa.

**Oblea (del Lat. Oblàta y popularmente «olea»):** Hoja delgada de masa de harina y agua, cocida en molde, y cuyos trozos, cuadrados o circulares, servían más generalmente para pegar sobres, cartas o para poner el sello en seco. // (4) Hoja delgada de pan ázimo de la que se sacan las hostias y las formas para consagrar.

En clave semanasantera, delicioso majar, transportado en carrito y a veces voceado, con el que la chiquillería (y sus pacientes acompañantes) entretienen la espera de los cortejos procesionales. Hoy, tan *imprescindible* el carrito de las obleas como el redoble de los tambores.

**Globo (del Lat. Globus):** Receptáculo de materia flexible, lleno de un gas a veces menos pesado que el aire ambiente, con el que juegan los niños o que sirve como decoración en fiestas.

Hoy... *inevitable* adminículo de toda procesión que se precie; enemigo acérrimo de la brasa de los cigarrillos y cualesquiera otro objeto punzante;

cuya enmarañada visión, por lo abigarrado de sus personajes ya difícilmente identificables, pone en aviso de la llegada del cortejo, a la vez que «avisa» a los bolsillos paternos de las apetencias de sus tiernos púberes... que tardarán *horas* en decidirse por el personaje para, cuando por fin lo consigan, apreciar, con *emocionado* disgusto... que alguien se les ha adelantado y ya «no queda» el héroe apetecido.

**¡A caras va la mano...!** O a **cruces**, que tanto da... para dejar en el corro la bolsa y ardorosas apuestas en las, también *inevitables*, **CHAPAS** de nuestros pecados... que, en eso también, la *penitencia* llevan. Y como también «alguien» dijo... puede ser una experiencia *fuerte* (sobre todo a la hora de rendir cuentas en casa) especialmente recomendada para turistas y foráneos.

*¡Arriba perras! ¡A caras va la mano! ¡Y caras son!* (baratero dixit)

¡Que haya suerte!... en esta *tolerada* aventura.

**Gasolinera:** (geográficamente) Mítica localización en el entramado *'paponil urbano'* leonés, sito en la embocadura de las calles San Francisco y Escurial. (gramaticalmente) Vocablo derivado de *«gasoil»* (combustible) y la terminación *«era»* (lugar de venta). Estímase correcto *«gasolinería»*. (definición) Dícese del punto en el recorrido de determinadas procesiones donde cierto número de entusiastas e insignes papones dejan su brazo a, por lo general, un sobrino, nieto o vecinito imberbe, que se estrenará entonces como aspirante a bracero. De uso común en alocuciones, filandones y *'charletas'* paponiles. *«Voy a dar una tiradina hasta la gasolinera»* o *«Déjame un ratín hasta la gasolinera»*, son frases habituales en la *'jerga'* cofradera.

(sic *Secretarius dixit*).

Al fin y la postre, después de tanta *palabrería*, que cada cual es muy dueño —se admiten sugerencias— de poner de aquí y de allá quitar...

### ¡Buena puja, hermanos!

# Post Scriptum

El vocabulario semanasantero pasa de padres a hijos, de papones a papones, en la enigmática tradición oral que, sin apuntes ni —mucho menos— «diccionarios», ha sabido conservarse a través de las décadas (siglos ya) y con su sola utilización en las peculiaridades de una semana.

En abril de 1992, Diario de León (y el que suscribe) publicaba por primera vez un pequeño glosario, un retazo a vuelapluma de las palabras utilizadas en Semana Santa por sus protagonistas (todos los son, observadores y papones).

En años sucesivos, en este mismo periódico y con ilustraciones de Juárez, siguió publicándose y dándose a conocer popularmente. Sin mayores pretensiones, sin ánimo didáctico alguno, sólo como una suerte de divertimento recopilatorio.

Luis Pastrana (+), Cronista Oficial de la Ciudad, lo citó —y tuvo la gentileza de hacerlo con su procedencia— en el libro *«Semana Santa de León»* (León, 2000) con lo que nuestro vocabulario tomó una evidente carta de naturaleza hasta acabar por convertirse en todo un clásico.

En 2001, **Palabra de Papón** obtuvo el «Premio de Reportajes» de la Casa de León en Madrid y El Círculo de Periodistas Leoneses, que reconoce los trabajos que contribuyen a divulgar la cultura y tradiciones leonesas.

El mérito, como tantas veces, del mismísimo pueblo; verdadero protagonista, por actuante, de cualesquiera manifestaciones que pervivan en su ánimo.

**(\*) N. del A. Edición 2025, corregida y aumentada.**

## Imprescindibles

### ● Basílica de San Isidoro

**Dirección:** Plaza de San Isidoro, número 4.
Constituye el conjunto románico más importante que existe en España. No puede irse sin contemplar el Panteón de los Reyes, *la Capilla Sixtina del Románico*. En su interior puede verse el Santo Grial según parece acreditado por las últimas investigaciones. Interesante museo. Claustro.
http://www.museosanisidorodeleon.com/

### ● Catedral de Santa María

**Dirección:** Plaza de Regla
Se construye sobre la antigua Catedral románica, que a su vez ocupaba los solares del Palacio de Ordoño II y las termas romanas. Comienza su construcción hacia el año 1205 y es de estilo gótico. Los vitrales (cerca de 1.800 m2 de vidrieras emplomadas) la convierten en la *Catedral de la Luz*. Interesante museo y claustro.
http://www.catedraldeleon.org/

### ● Iglesia y Parador Hostal de San Marcos
**Dirección:** Plaza San Marcos, Número 7.
http://www.parador.es/es/paradores/parador-de-leon

### ● Palacio de los Guzmanes

### ● Palacio de Botines (Gaudí)

### ● Palacio del Conde Luna

### ● Plaza Mayor

# Museos

● **Centro de Interpretación del León Romano**
**(Casona de Puerta Castillo)**
**Dirección:** Plaza Puerta Castillo s/nº «Casona de
Puerta Castillo»
**Teléfono:** +34 987 87 82 38

● **Fundación Vela Zanetti**
**Dirección:** Pablo Flórez, s/n
**Teléfono:** 987 244 121
**Página web:** www.fundacionvelazanetti.com

● **Museo Catedralicio y Diocesano
de Arte Sacro**
**Dirección:** Plaza de la Regla, 4
**Teléfono:** 987 875 770
**Página web:** www.catedraldeleon.org/museo.htm

● **Museo de Arte Contemporáneo (MUSAC)**
**Dirección:** Avda. de los Reyes Leoneses, 24 León
**Teléfono:** 987 090 000
**Página web:** www.musac.es

● **Museo de la Real Colegiata de San Isidoro**
**Dirección:** Real Colegiata de San Isidoro
Pza. San Isidoro 4
**Teléfono:** 987 876 161
**Página web:** www.museosanisidorodeleon.com

● **Museo de León — Edificio Pallarés**
**Dirección:** Plaza de Santo Domingo, 8 León 24002
**Teléfono:** 987 236 405
**Página web:** www.museodeleon.com

● **Museo Etnográfico Provincial Ildefonso Fierro**
**Dirección:** Puerta de la Reina, 1
**Teléfono:** 987 262 799

● **Museo Liceo Egipcio**
**Dirección:** Palacio de Gaviria
C/ Conde Luna 6 León — España
**Teléfono:** +34 987 05 00 13
**Página web:** www.museoliceoegipcio.es

● **Museo Diocesano y de Semana Santa**
**Dirección:** Mariano Domínguez Berrueta nº 10
**Teléfono:** 987 27 55 48
**Pagina web:** https://mdyss.es/

# Edificios contemporáneos singulares
## (para amantes de la arquitectura moderna)

● **Auditorio Ciudad de León**
**Dirección:** Av. Reyes Leoneses, 4 León 24008
Edificio creado por los arquitectos Emilo Tuñón y Luis Mansilla, quienes proyectaron también el MUSAC.

● **Edificio Europa**
**Dirección:** Avda. Reyes Leoneses, 14 León 24008

● **Edificio Serfunle**
**Dirección:** Avda. Peregrinos (Eras de Renueva) León 24210

● **Ente Regional de la Energia**
**Dirección:** Avda. Reyes Leoneses, 11 León 24008

192 · León: paso a paso

# Oficina de Turismo:

Plaza de San Marcelo, 1

**Horario:**
De Lunes a Domingo
de 9:00 a 20:00 horas

**oficinadeturismo@leon.es**

**Teléfono:**
987 878 327

# Los actos paganos

# El juego de las chapas

Aunque nadie en la provincia de León desconoce la costumbre de jugar a las chapas en Semana Santa, poco o casi nada se ha escrito sobre ellas.

Hay quien ha querido ver en este juego una paráfrasis del juego que los romanos que despojaron a Cristo de sus vestiduras hicieran en el Gólgota con los dados aunque yo particularmente y teniendo en cuenta que en el Bierzo de juega profusamente en las fiestas de muchos pueblos (no necesariamente en Semana Santa) creo que hablar de ese paralelismo es por mor del interés que los estudiosos tienen por encontrar en todas las tradiciones alguna causa remota cuando, a veces, es más fácil pensar simplemente en la casualidad.

A estos últimos dejo el enigma de un juego que se practica en corro y en el que una persona que se llama baratero controla que el juego se desarrolle con normalidad. El baratero puede cobrar del local que organiza el corro o de los jugadores. Esta cuestión suele ser objeto de pacto inicial.

Consiste en lanzar dos monedas al aire (suelen ser antiguas monedas de cobre en las que la cruz se pinta con dos grandes marcas precisamente en aspa o cruz). Quien tira las monedas suele apostar que una vez que caigan al suelo, van a salir las dos caras, hecho que le reportará quedarse con las apuestas del resto del corro —que necesariamente van a cruces—. Las monedas —o «chapas»— no pueden voltearse en el aire y si sale una cara y otra cruz, el que ha lanzado (que es «mano») debe volver a tirar.

Quien las tira, sea el baratero o el propio apostante, suele comenzar el juego diciendo *a caras va la mano*.

La simpleza del juego es obvia. A pesar de ello, grandes fortunas se han tambaleado por este juego de azar que ha estado prohibido muchos años aunque tolerado la mayoría de las veces en Semana Santa. En la actualidad, la Junta de Castilla y León, cobra una tasa a los locales en los que se autoriza a jugar durante esta época. Pregunten a los leoneses si quieren sentir la emoción de jugar a este juego cuyo origen se pierde en la noche de los tiempos…

# El vino «milenario»

El Jueves Santo, día del Amor Fraterno, día en que «La Saca» de Jesús (por mucho que haya otras en juego) es cita obligada, cuando la ciudad se viste la túnica multicolor de las varias cofradías que la salpican de la mañana a la noche, cuando los «Monumentos» efímeros nos esperan en las Iglesias silentes, cuando miles de leoneses y foráneos asisten incrédulos a «La Ronda» o al «Entierro de Genarín» para unirse después vaya usted a saber dónde, ese día, en la Real Basílica-Colegiata de San Isidoro se repite una tradición que ya va para mil años. Cierto es que me ha parecido obligado contárselo por mucho que, aunque lo desearan, no podrán probar el caldo que se esconde en un lugar muy cercano al Santo Grial.

Dicen que Santo Martino escondió una tinaja de vino en el rincón más recóndito de la Colegiata. Dice la leyenda igualmente que sólo el Abad conoce la ubicación exacta o, al menos, es quien tiene la llave de la puerta que facilita el acceso al tonel. Cuentan las crónicas más lejanas que esa mañana, el Abad se despista del resto de monjes e invitados al acto y saca un litro de caldo milenario. De inmediato, introduce dos para que la maceración vinícola siga haciendo de las suyas año a año (y van mil…). Algunos que lo han probado dicen que no tiene nada especial; otros, atribuyen al brebaje un sabor anciano y milenario creo yo que más fruto de la sugestión que del paladar.

En cualquier caso, obligado es reseñar esta costumbre a la que solo muy pocos tienen acceso y que se repite, al igual que el resto de los ritos semanasanteros y se repetirá hasta el fin de los tiempos. Esperamos y deseamos, que las correspondientes oficinas de sanidad estatales, autonómicas o locales no se metan con este vino legendario so pena de estropearlo con quién sabe qué conservantes o etiquetas de calidad….

# El Entierro de Genarín

La explosión del espíritu de Genarín parte, sin duda alguna, del año 1981, cuando nuestro escritor de fama internacional, Julio Llamazares, escribe un artículo en Diario 16 titulado: «El entierro de Genarín o cómo llegar a la santidad por el orujo».

Ese año, Ediciones del Teleno publica la obra del citado Llamazares «El Entierro de Genarín», «*donde se narra la vida de un pellejero ilustre, atropellado y muerto por el carro de la basura, en León, 1929*». En este libro, como en otros del escritor leonés, no se sabe muy bien dónde acaba la historia y comienza la leyenda. El escritor comienza la historia transcribiendo la noticia que en la mañana del 30 de marzo de 1929, publicó Diario de León y que nosotros también traemos a colación: *Poco antes de las doce de la mañana de Viernes Santo, y en la carretera de los Cubos de esta capital, junto al cubo tercero de la muralla yendo desde la Puerta Castillo para San Lorenzo, inmediato a la calle que baja de Santa Marina, ocurrió una desgracia que impresionó profundamente a muchísimas personas que acudieron al lugar del suceso, tan próximo al sitio en que era la hora de la mayor concurrencia por la procesión que se celebraba.*

*Según las referencias obtenidas en el lugar del suceso, momentos después de ocurrir* éste, circulaba por la carretera un camión de la limpieza pública guiado por el chofer José María Saenz, de diecinueve años, llevando en el vehículo a dos empleados en el servicio, y debido a la velocidad que llevaba no pudo hacerse funcionar debidamente los frenos al encontrarse en la carretera y en la mano del vehículo a un hombre.

No hemos logrado precisar si la víctima de este triste suceso iba por el centro de la carretera o por un lado, si bien esto es lo verosímil por la posición del cadáver.

La muerte debió sobrevenir casi instantáneamente debido a la presión sufrida contra la muralla, lo que produciría en opinión del forense, la fractura de la base y bóveda del cráneo.

*Seguidamente de ocurrir el atropello varias personas se acercaron al camión arrastrándole con el fin de auxiliar a la víctima, auxilio que fue inútil, pues claramente se veía que la muerte había sobrevenido. (…)*

*El chofer fue detenido por el guardia municipal Ricardo Muñiz, que le condujo a la comisaría, pasando seguidamente a la cárcel por orden judicial.*

*El muerto se llamaba Genaro Blanco y Blanco, contaba unos sesenta y dos años de edad y se dedicaba a la compra ambulante de pieles de conejo. Vivía en el Puente Castro. (…).*

Ese día, Genaro Blanco nunca podría haberse imaginado la celebración que fundamenta la parodia bufa de su muerte. El inicio de la leyenda, parte de la mano de cuatro contemporáneos de Genaro aunque, entonces, mucho más jóvenes que él: Francisco Pérez Herrero, mecánico-dentista y conocido poeta; Luis Rico, un bohemio aristócrata; Nicolás Pérez «Porreto» (árbitro de fútbol) y Eulogio «El Gafas», taxista. Los cuatro habían reído las gracias de Genaro —que corrían por los bares de boca en boca— por mucho que sólo compartieran con éste el gusto por las tabernas y las noches y los cuatro (que más adelante se convertirían en «Evangelistas» de la *Cofradía de Nuestro Padre Genarín*) fueron quienes fomentaron la leyenda reuniéndose, desde ese año todos los jueves santos a rendir, con sus versos, un sentido homenaje al borrachín muerto por «la Bonifacia».

Hoy en día, los miembros de la Cofradía se reúnen esa noche en torno a una mesa y, en los postres, unos momentos antes de las doce, se recitan versos bufos —como lo hicieran los mentores primigenios— siendo en sí el acto gracioso y lleno de ingenio, aunque la temática poética esté siempre en las andanzas del pellejero borracho. En la actualidad se convoca un concurso para elegir el poema que tendrá el honor de ser leído en la celebración.

De igual modo, y para recordar los últimos momentos de la vida de Genaro, se organiza una parodia de procesión en la que debe verse simplemente eso: la inmemorial retranca leonesa que se alía esa noche con el surrealismo y se organiza un acto que resulta una broma en recuerdo del pellejero muerto. El desfile acaba cuando el hermano «escalador» se encarama por la muralla (en el fatídico cubo donde acaeció el óbito) y ofrece al «santo» orujo, queso y naranjas, productos, según cuentan, que constituían la dieta básica del borrachín.

Nadie debe ver ofensas a nada. Lo que ocurre después de haber llegado a la muralla, en el cubo en que supuestamente Genaro perdió la vida, no es cosa de la Cofradía, aunque ciertamente, en algunas ocasiones debería darse al bebedor un manual de los buenos principios (y mejores finales).

La prohibición de este acto en los años de la dictadura no hizo más que acrecentar la leyenda. Por eso, casi siempre, la prohibición «por decreto» no consigue nada. Más bien lo contrario.

En fin.

Que en León esa noche, cuando «La Ronda» de la Cofradía del Dulce Nombre despierta a los hermanos para acudir a la Procesión, otros parroquianos se atizan por el gaznate unos cuantos tragos de orujo (u otros brebajes), cosa por otra parte nada rara en una noche que, connotaciones histórico-religiosas aparte, es víspera de uno de los días más grandes de fiesta en el calendario leonés.

Se calcula que unas quince mil personas acuden a esa procesión bufa. Si lo hacen, cuídense de los excesos. Al día siguiente, de madrugada, comienza el día más grande y no deben perderse ni un detalle.

# UNA RECETA DE LIMONADA

—Diez litros de vino.
—El zumo de un kilo y medio de limones (o algo más, al gusto).
—Canela en rama —generosa ración—
—Un kilo de azúcar.

En un cazo debe cocerse, dando vueltas, el vino al que se habrá añadido el azúcar y la canela en rama. Cuando empiece a cocer —principio físico que se aprecia porque el vino comienza a hacer gorgoritos y espumarajos blancos— se deja reposar hasta que adquiera temperatura ambiente.

Una vez frío, se incorpora la mezcla al resto del vino en un recipiente que permita dejarlo reposar. Se incorpora el zumo de los limones con alguna cáscara y se deja macerar.

## ¡Disfruten!

# LEÓN LES ESPERA CON LOS BRAZOS ABIERTOS...

Somos conscientes. Los días de Semana Santa son demasiado cortos para disfrutar León en toda su extensión, sobre todo porque la mayoría de ustedes no han estado los diez días que dura nuestra Semana Mayor. Pero no se preocupen.

León es una ciudad amable también el resto de año. Quizás hasta algunos la prefieran fuera de esos días en los que *la marabunta*, a veces, no deja disfrutar adecuadamente algunas visitas.

Por eso, y ahora que esta ciudad está *a tiro de AVE*, acérquense el resto del año. Verán otro León normalmente con un cielo azul radiante –no confundir con sinónimo de calor que éste, normalmente, solo está en nuestro corazón— aunque, para ser justos, debemos decir que León cuenta con dos estaciones: *nueve meses de invierno y tres de infierno.* En las dos se disfruta hasta límites insospechados.

Estamos seguros que han dejado muchos lugares emblemáticos por visitar, que se han quedado con ganas de probar ese cocido del que tanto les han hablado y que en Semana Santa no tuvo lugar en el fogón, de asistir a las Fiestas de San Froilán (último fin de Semana de septiembre y hasta el 5 de octubre) —cuando León huele a morcilla frita, a pendón que sube al cielo y a almendras que perdonan—. Estamos convencidos que el restaurante en el que no pudieron comer por falta de aforo, en esta ocasión les atenderá encantados. O ese museo que, por falta de tiempo, quedó en el tintero y en la memoria imaginaria. O aquella otra visita a San Isidoro, a la Catedral, a San Marcos o a otras iglesias en las que aun les quedaron muchas maravillas por descubrir. O quién sabe si al MUSAC que, como saben, hace propuestas diferentes a lo largo del año.

En fin.

Vuelvan una, dos, las veces que quieran. Esta pequeña ciudad del norte con origen en los mismos años en que se inauguró la Era Cristiana y que pervive tenaz, añeja y ajena al paso del tiempo, incluso mejorada, —como el buen vino—, siempre les recibirá con los brazos abiertos…

## Amén

# El largo epílogo que prologa cada Semana Santa

Por Carlos García Rioja

Es habitual decir que la próxima Semana Santa comienza a renglón seguido de la que concluye, cuando los hermanos de Jesús Divino Obrero aún están regresando a sus casas tras anunciar una nueva Pascua de Resurrección. Más allá de lo romántico del enunciado, es cierto que la procesión de cada cofradía supone una meta alcanzada y, con ella, se inicia una nueva cuenta atrás...

Sea como fuere, hay *otra* Semana Santa después de los diez días en que esta se hace visible. Procesiones de gloria y sacramentales, actos cultuales y culturales, tomas de posesión... conforman un extenso programa que ha crecido exponencialmente en las últimas décadas. De hecho, numerosos actos de los que componen el calendario cofrade entre Resurrección y Dolores, están en constante transformación, con novedades o supresiones año tras año. Estos son los que a día de hoy se celebran, convirtiéndose —en muchos casos— en citas ineludibles, tanto para los papones como para los leoneses en general.

### De las *glorias* al Corpus

Sin apenas descanso, ya desde el fin de semana siguiente a la Pascua, las penitenciales organi-

zan actos que —de alguna forma— epilogan una celebración que, con el paso de los meses —ninguno sin actividad—, se tornan en un alargado prólogo de la semana más esperada del año.

Así, el **Domingo *In Albis*,** siguiente al de Resurrección, las dieciséis cofradías y hermandades, de la mano de su Junta Mayor, se dan cita en la basílica de la patrona de la región, la Virgen del Camino, para celebrar la misa de Acción de Gracias con la que concluye el programa oficial de cada Semana Santa. Asimismo, clausura el Encuentro de Jóvenes Papones que se celebra desde la **jornada anterior**, en la que Santa Marta recuerda a sus difuntos y las hermanas de María marchan también hasta el antiguo santuario.

La festividad de Jesús Divino Obrero, el **1 de mayo**, marca el inicio del *tiempo de glorias*

leonés con la procesión del homónimo titular de la hermandad por las calles de su barrio —también de fiesta—, que finaliza con la toma posesión —cada bienio— de su junta directiva, celebrando al día siguiente una eucaristía por sus cofrades fallecidos. Similar protocolo sigue Angustias el **domingo de Pentecostés** —que también celebran en su **víspera** Redención y Santa Marta— con la procesión de la Virgen de la Alegría, una tra-

dición que se remonta al siglo XVII y que se ha visto revitalizada, tanto con la celebración lúdica de sus **vísperas**, como ampliando su cortejo y recorrido, que también enmarca los años pares el *cambio de varas* entre los abades saliente y entrante de la decana congregación. Y no son estas las únicas cofradías que celebran los cambios en sus abadías en fechas próximas al **Corpus**: Jesús Sacramentado y Santa Marta lo hacen el **fin de semana anterior** —solem-

nidad de la Santísima Trinidad—, cuando así les corresponde, y también el Perdón lo lleva a cabo durante **mayo**.

Un mes que se inicia en torno a la conmemoración de la Invención de la Cruz que no pocas cofradías celebran: Siete Palabras, Bienaventuranza y Minerva el día **3** y, en torno al **domingo posterior**, Desenclavo y Expiración. Una fecha, esta última, que también es elegida para la misa de Acción de Gracias del Desenclavo, la peregrinación de la Agonía a La Virgen del Camino —el Sepulcro también organiza otra similar pero en fechas posteriores— o la celebración de Jesús del Consuelo, de María, en Pobladura del Bernesga. Ya el segundo sábado del mes, es la Bienaventuranza quien honra a María Santísima de la Misericordia con besamanos, eucaristía y exaltación en una misma jornada. Por su parte, mayo concluye con la ofrenda floral de Jesús Sacramentado a la Virgen de la Piedad el **último sábado** del mes.

Sin solución de continuidad, **junio** trae en torno al día **4** la misa y besapiés a Nuestra Señora de la Luz, del Sepulcro; mientras, sobre el **8**, la Bienaventuranza celebra una convivencia que rememora su aniversario fundacional. Por entonces concluye también su plan de formación anual 'Sin perder el paso' que, desde el otoño y hasta estas fechas, organiza distintas sesiones, generalmente una al mes, siempre en lunes.

El **domingo de Corpus Christi** tiene lugar la procesión de Su Divina Majestad por las calles de la ciudad, siendo acompañada —entre otras de carácter gremial y parroquial— por imágenes de tres penitenciales —las ya mencionadas Alegría y Divino Obrero, junto a Santa Marta— y por la práctica totalidad de las juntas de gobierno de las cofradías, a excepción del Perdón que participa en la procesión de su parroquia, San Francisco de la Vega. El epílogo de la celebración sacramental por antonomasia lo ponen las bandas que acompañan el regreso —también antes la ida— de sus pasos *en ordinaria* y las cornetas de la Victoria, que rinde homenaje a su Cristo titular ante la recoleta capilla de la calle Ancha.

En su octava, es decir, el **siguiente domingo**, el denominado **Corpus Chico**, tras el preceptivo triduo, convierte en altares las calles de San Martín y del Mercado gracias a Minerva y al empuje de una solemnidad que se hace *grande* año tras año. No en vano, es la única celebración cofrade fuera de la Semana Santa distinguida de interés turístico.

Ya en **julio**, el día **2** —o el domingo posterior a este—, el León cofrade se traslada a La Virgen del Camino para asistir a la procesión-

romería que recuerda su aparición en 1505, organizada por la Cofradía de María con la imagen de su titular, rodeada de pendones y bailes regionales.

En esos días del recién estrenado **verano**, Angustias y Jesús abren las puertas de su sede canónica, Santa Nonia, a modo de museo en el que turistas y leoneses puedan admirar de cerca tanto las efigies que se conservan en la capilla todo el año, como los pasos y enseres que se muestran durante la época estival.

El mes de **julio** concluye el **29** con el último ejercicio del triduo a Santa Marta en San Marcelo.

### De la Cruz al pesebre

Aunque no haya un solo mes de respiro, es **septiembre** el que marca el inicio del *curso* cofrade y una fecha la que destaca sobre las restantes: el **14**, Exaltación de la Santa Cruz. En esa jornada, la procesión que recorre San Martín organizada por su parroquia es el broche de la celebración de las cofradías que en ella radican —Minerva, Redención, María y Cristo de Fuera— y continuación de la que ponía en la calle la primera, incorporada ahora al cortejo. Por su parte, Siete Palabras y Jesús Sacramentado recuerdan también esta solemnidad con sus respectivas eucaristías.

El **domingo posterior** al *Cristo de septiembre*,

como se denomina popularmente a esta festividad, la Expiración celebra su tradicional Ramo en el entorno del convento capuchino en el que reside mientras, a pocos metros, el nuevo abad de Jesús —entre estallido de cohetes— toma posesión de su cargo en Santa Nonia. Hay más relevos en las penitenciales durante estas fechas; **una semana antes** lo hace las Siete Palabras cada segundo año y el **último domingo**, también cada bienio, el Gran Poder.

Pero no solo esta solemnidad polariza el calendario septembrino: las festividades del Dulce Nombre de María, el **12**, y de los Dolores de la Virgen, el **15**, acercan a los fieles en besamanos a la homónima titular de María, en Nuestra Señora del Rosario; y a la advocada en el Mayor Dolor, a la que el Desenclavo le dedica un triduo en Renueva. Días antes, el **4**, Angustias recuerda la Consolación de María y el **9** el Gran Poder su efeméride fundacional.

El mes de **octubre**, que las Siete Palabras inicia en torno al Cristo de la Sed, retoma el *tiempo de glorias* de la mano de las parroquias, contando con la colaboración de sus respectivas penitenciales. Así, el **4**, el Perdón procesiona a San Francisco por su barriada de la Vega; el **28** Santa Marta y Siete Palabras procesionan al patrón de la ciudad, San Marcelo, en vísperas de su solemnidad, y ya en torno al **30**, la Bienaventuranza saca a la calle a San Claudio en una celebración que —como otras ya descritas— enmarca la toma de posesión de su junta de seises. También el Sepulcro elige este mes, el del patrono diocesano San Froilán —que se celebra el día 5—, para su cambio de maestre y freires, celebrándose el **tercer domingo**, según costumbre. Un octubre que se cierra el **último fin de semana**, en San Marcos, con el triduo a Nuestra Madre de la Divina Gracia, de la Redención, también expuesta en besamanos al concluir cada uno de los ejercicios.

**Noviembre** es mes de difuntos, pero también de música. Por una parte, las cofradías —la mayoría, aunque no todas, pues algunas lo hacen en otras fechas— recuerdan a sus herma-

nos fallecidos, en distintas jornadas y ubicaciones, destacando la *bébora* y el *magosto* que, en su memoria, realiza la Expiración. Por otra, la festividad de Santa Cecilia, protectora de los músicos, el día **22**, llena el calendario de conciertos y certámenes en torno a esta conmemoración, destacando los más que consolidados de las bandas de la Victoria y las Siete Palabras o los recién incorporados al calendario, de la mano de las bandas de la Soledad y Reino de León. Entretanto, en la primera quincena del mes, se celebran dos procesiones que, sin vínculo penitencial, llevan sendos cortejos eminentemente semanasanteros: el sábado posterior a la solemnidad de los Fieles Difuntos (día **2**), desde Santa Marina desfila la Cofradía de la Piedad de Ánimas y Santo Malvar, mientras que el **domingo anterior** a la festividad de San Martín (el **11**), las calles de su barrio se visten de fiesta con la procesión del santo. Suele coincidir con la festividad del Desenclavo en Santa Marina, fijada para el **segundo domingo**, que apareja la toma de posesión de sus cargos cuando corresponde y la presentación de su cartel para la siguiente Semana Santa. Un *cambio de varas* que —cuando procede— también celebra, en el mismo templo, **dos semanas más tarde**, la Agonía en torno a la solemnidad de **Cristo Rey**. En su **víspera**, la Redención celebra en San Marcos su acto de culto a Nuestro Padre Jesús de la Misericordia, que es expuesto en besamanos.

Continuando con los *cambios de varas*, pero ya inmersos en **diciembre**, María del Dulce Nombre lo celebra en torno a la Inmaculada, el día **8**, incorporándose previamente a la novena que tiene lugar en San Martín. Diez días después, el **18**, es Jesús Sacramentado quien solemniza a Nuestra Señora de la Esperanza

con un triduo y un besamanos a su homónima imagen.

Se acerca Nochebuena y se multiplican los actos **navideños** en forma de certámenes bené-

ficos, concursos de dibujo, talleres infantiles, cuentacuentos, exposiciones de belenes, bolsas de caridad, recogidas de alimentos y juguetes e incluso la llegada de los Reyes Magos en un abultado calendario de solidaridad y villancicos que protagonizan todas las cofradías sin excepción, en una época tan contrapuesta a la Semana Santa, demostrando que esta también puede vivirse desde la Cruz hasta el pesebre.

El año concluye el día **27** con la eucaristía que los Jóvenes Papones dedican a su patrón, San Juan Evangelista.

### De la ceniza a la Pasión

Aunque, sobre el papel, **enero** sea uno de los meses más *relajados* para los cofrades, las apariencias engañan pues, en realidad, sirve para preparar cuanto se avecina. Solo cuatro citas, más alguna que se *cuela* en el calendario si la Semana Santa es *madrugadora*, concentran atención y, en ocasiones, hasta se solapan en su celebración: el cambio de abad de Minerva, cada **tercer domingo** de los años pares, y la festividad de San Antón, en torno al **17**, a lo largo de ese **fin de semana**. Se trata, la última, de una fiesta tan popular como religiosa, con la hoguera, los refranes al santo —cargados de ironía— y la degustación de *fervudo* —vino dulce— y *cotinos* —panecillos—; y, ya en la

jornada dominical, la misa con bendición de animales y la procesión alrededor de San Marcelo, todo ello de la mano de la Expiración, tan sensible a las tradiciones de esta tierra. Ya el **último sábado**, Divino Obrero y Siete Palabras conmemoran su hermanamiento alternándolo en sus sedes canónicas. Concluye así el primer mes del año que se inicia el día **3** en

torno a la memoria del Dulce Nombre de la Cofradía de Jesús.

Dependiendo de las fechas de la Semana Santa, en **febrero** ya se habrá presentado el cartel de la Junta Mayor y se habrá entregado o estará a punto de hacerse, el nombramiento del pregonero, citas *oficiales* que, de alguna forma, inician la *cuenta atrás* hacia una nueva celebración pasional.

Por su parte, la Cuaresma leonesa ha vivido tal eclosión de actividad en las últimas décadas que ha pasado de ser prácticamente un desierto, a tener que acomodar actos de su apretada agenda en las semanas previas a los cuarenta días que conducen hasta la Semana Santa. Tal es el caso de las jornadas de la 'Biblioteca Cofrade', inicialmente programadas por la Bienaventuranza para poner en valor la bibliografía pasional, aunque también sirva para incentivar el debate en torno a otros aspectos de la celebración; sea como fuere, el ciclo se cierra con la presentación de su cartel, uno de los primeros en ser descubierto si aún no ha llegado la Cuaresma. Otros actos, ligados a fechas concretas, suelen constituir la *antesala* cuaresmal durante la primera quincena de **febrero**: la conmemoración del aniversario fundacional de Jesús, el día **4**, o la de Angustias, el **9**, coincidiendo con la fiesta de la Aparición de la Virgen del Mercado. También tiene lugar en torno a esa primera fecha el concierto de *cumpleaños* de la agrupación musical de la Bienaventuranza y la procesión de las Antorchas de Nuestra Señora de Lourdes, esta sobre el **11**, en la que participa el Sepulcro, celebrándose en su **sábado posterior**. En los primeros días de **marzo**, generalmente —aunque no siempre— cuaresmales, el **primer viernes** es obligada la veneración a Jesús de Medinaceli que, en esa jornada, es expuesto en besapié tras concluir el triduo en su honor, siendo presentado también el cartel de

su Cofradía de la Expiración. El día **3**, por su parte, la Redención recuerda el aniversario de la bendición de Nuestra Madre de la Divina Gracia. También a la sombra del **19**, con independencia de las fechas cuaresmales, tiene lugar el 'Concierto del Día del Padre' de la banda de cornetas de Jesús. Otro acto que no deriva de las fiestas movibles es el de la Salud, en torno al **8 de abril**, cuando Minerva celebra una eucaristía ante su imagen de homónima advocación.

El **Miércoles de Ceniza** es, sin duda, el *banderazo* de salida de esa *carrera* de la que venimos hablando y que tiene su particular *meta* en la procesión de cada cofradía. Para ello se disponen la gran mayoría de las penitenciales, con la toma de la ceniza en su sede, acompañándola de la presentación de los primeros carteles anunciadores (tal es el caso de Divino Obrero, Minerva, Santa Marta, Perdón, Gran Poder, María —que lo realiza **al día siguiente**—) o de besapiés (como el que las

Siete Palabras dedica al Cristo de la Sangre en El Salvador). Arranca así una **Cuaresma** que crecerá en intensidad conforme se acerque la tan señalada fecha del Viernes de Dolores; exceptuando este, todos los **viernes** anteriores, el Museo Diocesano y de Semana Santa organiza sus 'Diálogos del MDySS' en torno a conferencias, coloquios, proyecciones y exposiciones temporales con las que incentivar la, en ocasiones escasa, programación cultural de estas fechas.

En su **primer fin de semana** ya despliega toda su intensidad con distintos actos prefijados, más los que puedan tener lugar de forma esporádica. Así, el **viernes posterior a Ceniza**, las Siete Palabras presenta su cartelería; al **día siguiente**, la Cofradía del Cristo de Fuera celebra su acto lírico-religioso 'Postrados ante la Cruz de Ánimas' y el **domingo** tienen lugar los dos relevos abaciales más tardíos, los de Expiración y Redención, en Capuchinos y San Martín respectivamente, llevando este último aparejada la presentación de su cartel. También en estos días suelen tener lugar los conciertos benéficos 'Sones de Pasión' y 'Música por la vida', de la mano de la formación musical del Divino Obrero y de la Cofradía de Jesús Sacramentado, respectivamente.

Ya el **segundo sábado cuaresmal**, se inicia la *ronda* de besapiés con el dedicado a Jesús Nazareno, que concita a cientos de hermanos y leoneses en la capilla de Santa Nonia y que concluye el triduo a la imagen que se celebra desde **ese mismo jueves**. También en esta misma sabatina, Divino Obrero suele cumplir con su peregrinación a La Virgen del Camino, la Agonía organiza su Vía Crucis Juvenil y el Gran Poder el concierto de aniversario de su agrupación musical.

En el meridiano cuaresmal, el **tercer sábado** es el de besapiés y besamanos por excelencia con los del Cristo de la Bienaventuranza, el Cautivo de Jesús Sacramentado, el del Desenclavo de Minerva —los años pares— y el de la Soledad de la misma penitencial —en este caso, los años impares—.

Sobre estas **mismas fechas**, Santa Marta organiza la 'Jornada Cofrade' en recuerdo de su fundador, Máximo Gómez Barthe, aunando una conferencia con un concierto de la banda de la Soledad. Por su parte, el Santo Sepulcro organiza su Vía Crucis de Cuaresma en torno al Cristo de la Cruz Quemada y también Angustias celebra su 'Concierto de Música de Semana Santa', el decano de cuantos hay en la ciudad, seguido del llevado a cabo por las Siete Palabras, en este mismo marco temporal. Unas semanas en las que habitualmente se celebran las Jornadas Culturales del Perdón con

exposiciones, conferencias y conciertos, con el Pregón de la Cofradía como broche de oro.

A dos semanas de la Santa, la actividad se acrecienta, tanto en lo cultural como en lo cultural. El **cuarto sábado**, el Cristo de los Balderas recibe en besapiés en su capilla de San Marcelo mientras, al otro lado de la ciudad, en Jesús Divino Obrero, la Soledad aguarda para que sea besada su mano, dando por concluido el triduo en su honor, que concita el acto de aco-

gida a los nuevos hermanos. Esta es también la jornada elegida por la Redención para celebrar el único culto externo de la Cuaresma leonesa: el Vía Crucis en el que su homónimo crucificado recorre las calles de la feligresía del Mercado, haciendo estación en el interior de su templo parroquial. Al tiempo —es probablemente la jornada más frenética del preludio semanasantero— el Gran Poder pregona sus actos y, por si fuera poco, la agenda se completa a más de seiscientos kilómetros de León, con la exaltación que, sobre nuestra Semana Santa, tiene lugar en Sevilla.

El **quinto jueves** es un día especial aunque, en parte, pase desapercibido. El comienzo de la novena a la Virgen del Mercado marca la auténtica *cuenta atrás* para el inicio de los diez días más grandes del calendario. No en vano, su último ejercicio precede a la salida procesional que supone el principio… o el fin…

Dentro del novenario, el **Domingo de Pasión**, anterior al de Ramos, son expuestas en veneración las Santas Espinas que custodia el histórico templo. Un anuncio inequívoco de los días sagrados que tiene su máximo exponente en el Pregón de la Junta Mayor que es pronunciado en la jornada anterior, el **quinto sábado**, día en que también se celebra el Vía Crucis Procesional de Puente Castro.

El vertiginoso fin de semana, iniciado el **viernes** con el Pregón de Semana Santa de Santa Marina, de la mano de las cofradías y asociaciones parroquiales, concluye el **domingo** con el acto de Jesús Nazareno —pregón, concierto y reconocimiento a los braceros honorarios—, la veneración a María Santísima del Desconsuelo, del Desenclavo, como colofón de su triduo y —ya por la tarde— a los pies de la Virgen del Camino, en la 'Plegaria' —religiosa, literaria y popular— que reúne a todas las cofradías de la provincia. Entre tanto, más de la mitad de las penitenciales leonesas convocan el sábado y el domingo sus juntas generales de hermanos, preceptivas para su buen gobierno. La **Semana de Pasión**, la que desemboca en la Santa, es para los triduos. El **martes** se inician los de Angustias, Siete Palabras y Gran Poder en honor a sus titulares; y a las puertas –ahora sí– de una nueva Semana Santa, el **jueves** lo hacen los del Perdón y la Bienaventuranza, en tanto Angustias expone a la Soledad en besamanos para concluir el suyo y Santa Marta oficializa la admisión a sus nuevos hermanos. También el **Jueves de Pasión**, de anochecida, tras el penúltimo ejercicio de la novena, la Virgen del Mercado baja de su camarín —ya a puerta cerrada— para ser entronizada en las andas que, al día siguiente, la mostrarán a la ciudad. Mientras, a lo lejos, cada vez más a lo lejos, se dejan escuchar las últimas notas ensayadas de una marcha. El *milagro* está a punto de repetirse. Otra vez, un año más, será **Viernes de Dolores**…

Esta guía se terminó de reescribir en la ciudad de
León el día 30 de marzo de 2.025, día en el que se
celebra San Zósimo, Papa (417-418).

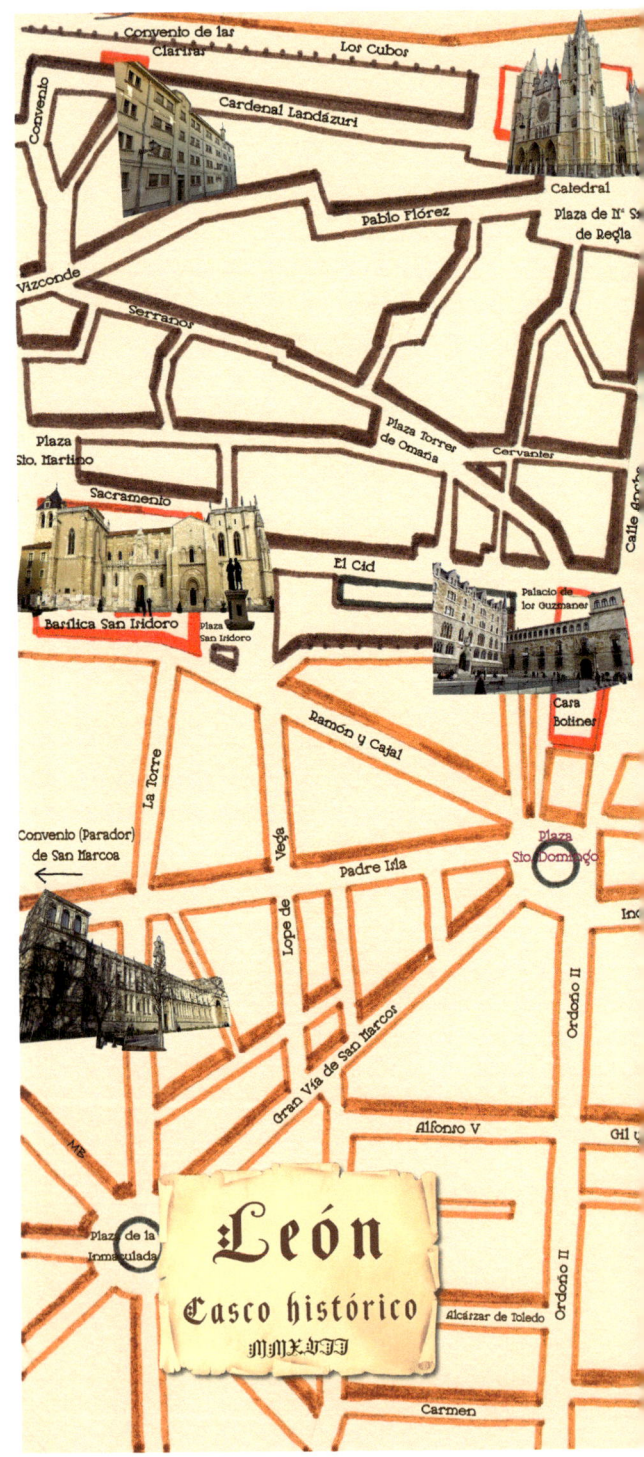

Convento de las Clarisas
Los Cubos
Cardenal Landázuri
Convento
Pablo Flórez
Catedral
Plaza de Nª Sª de Regla
Vizconde
Serranos
Plaza Torres de Omaña
Cervantes
Plaza Sto. Martino
Sacramento
Calle ancha
El Cid
Palacio de los Guzmanes
Basílica San Isidoro
Plaza San Isidoro
Casa Botines
Ramón y Cajal
La Torre
Vega
Plaza Sto. Domingo
Convento (Parador) de San Marcos
Padre Isla
Lope de
Ind
Ordoño II
Gran Vía de San Marcos
Alfonso V
Gil y
ME
Plaza de la Inmaculada
Ordoño II
Alcázar de Toledo
Carmen

León

Casco histórico

MMXLVII

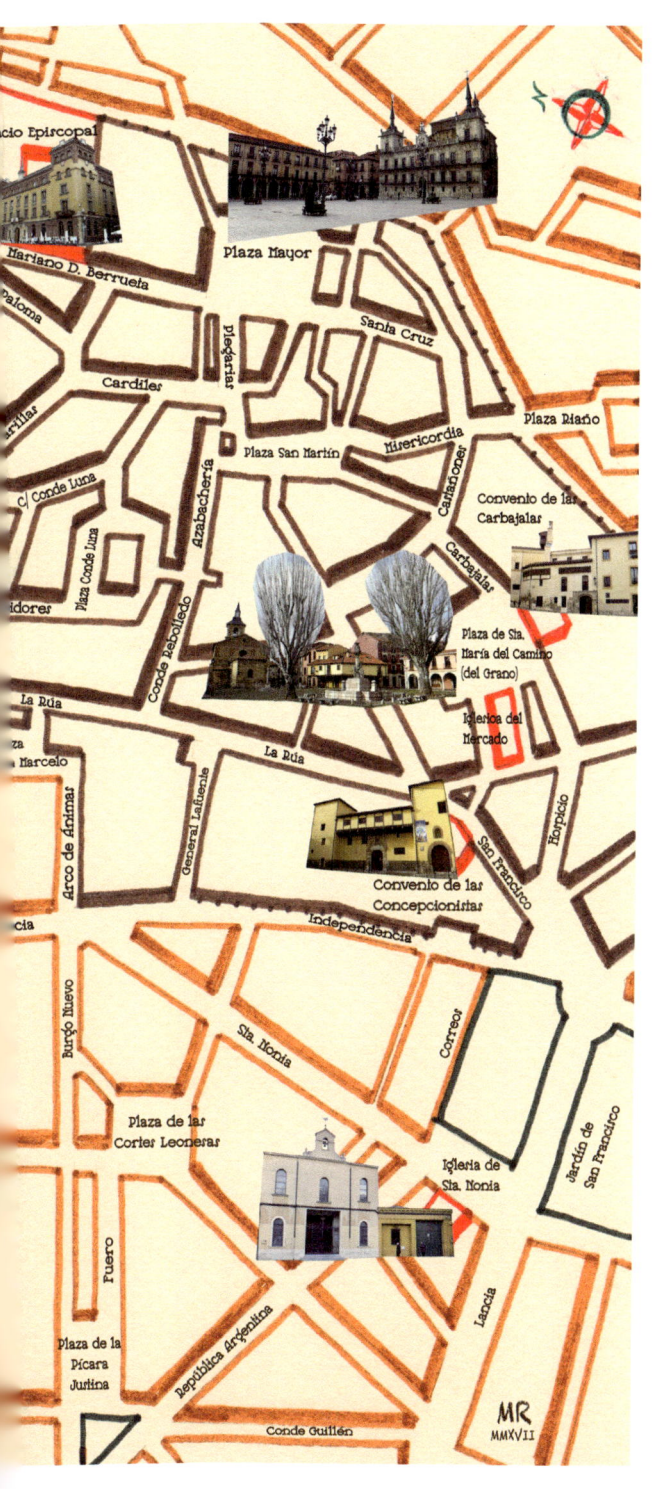

cio Episcopal
Mariano D. Berrueta
Plaza Mayor
Paloma
Plegarias
Santa Cruz
Cardiles
illar
Plaza Riaño
Misericordia
Plaza San Martín
Cañadones
C/ Conde Luna
Azabachería
Convento de las
Carbajalas
Plaza Conde Luna
idores
Conde Rebolledo
Carbajalas
Plaza de Sta.
María del Camino
(del Grano)
La Rúa
Iglesia del
Mercado
za
Marcelo
La Rúa
General Lafuente
Arco de Ánimas
Hospicio
San Francisco
Convento de las
Concepcionistas
cia
Independencia
Burgo Nuevo
Sta. Nonia
Correo
Jardín de
San Francisco
Plaza de las
Cortes Leonesas
Iglesia de
Sta. Nonia
Fuero
Laucia
Plaza de la
Pícara
Justina
República Argentina
Conde Guillén
MR
MMXVII